L'INCROYABLE IMAGERIE
DINOSAURES

Édition originale : © Nextquisite Ltd 2023, Royaume-Uni.

Consultant scientifique : Dr Suzanne Harris

Direction : Guillaume Pô • Direction éditoriale : Sarah Malherbe
Traduction et édition : Frédérique Chavance
Suivi graphique et couverture : Ambrine Angaud
Mise en pages : Véronique Sommeilly/S Puissance 3

57, rue Gaston-Tessier, CS 50061, 75166 Paris Cedex 19
Dépôt légal : octobre 2024 – 1re édition
ISBN : 978-2-2151-8918-3 • Code MDS : FS89183
Achevé d'imprimer en février 2024 en Chine

Loi n°49-956 du 16 juillet 1949 sur les publications destinées à la jeunesse, modifiée par la loi n°2011-525 du 17 mai 2011.

www.fleuruseditions.com

L'INCROYABLE IMAGERIE
DINOSAURES

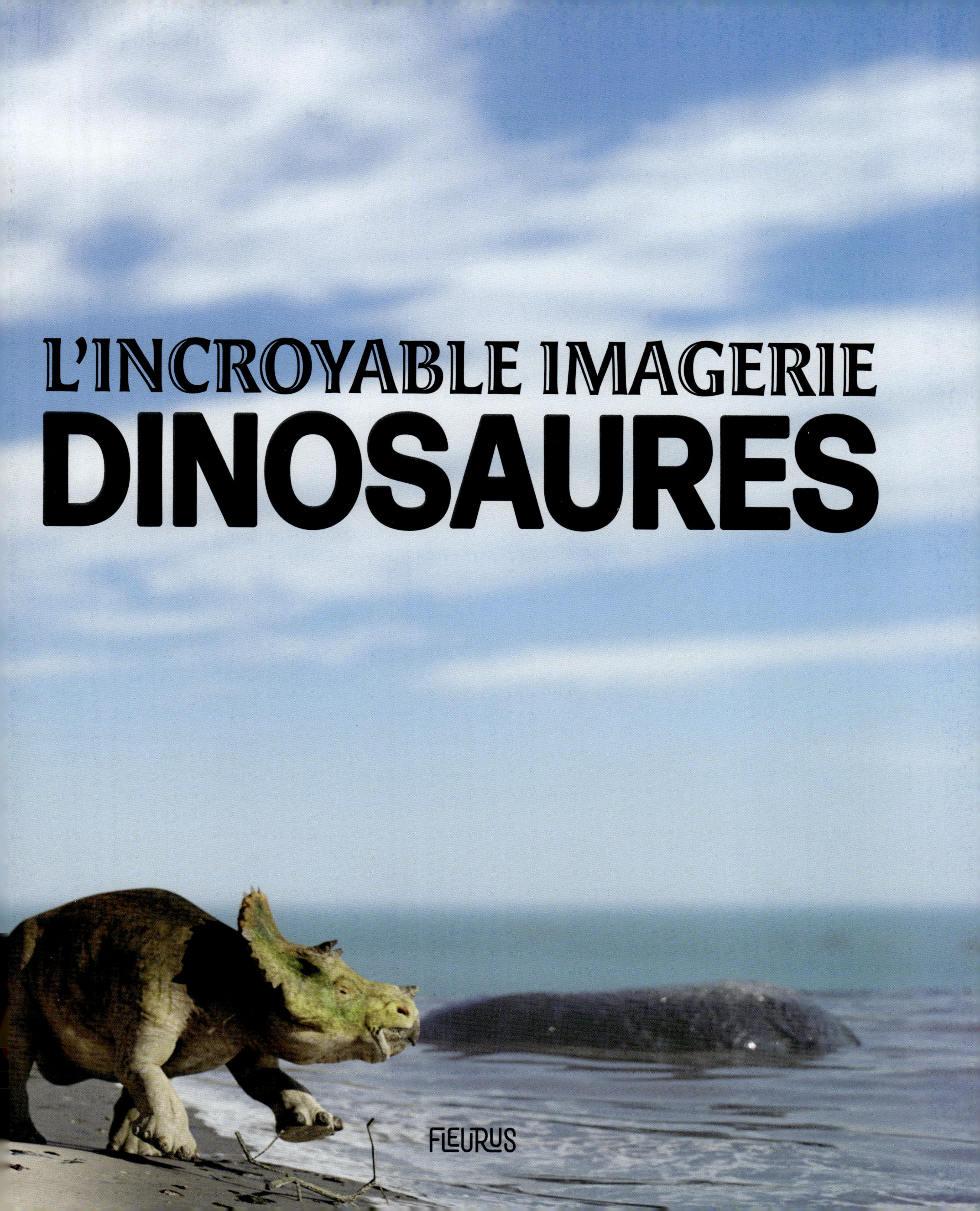

FLEURUS

SOMMAIRE

INTRODUCTION

Les dinosaures ont régné sur toute la planète pendant 180 millions d'années. Ce livre te propose d'abord d'en savoir plus sur les origines des dinosaures et la manière dont ils ont évolué à partir des premiers reptiles du Trias. Puis tu découvriras le Jurassique, l'âge d'or des dinosaures, période au cours de laquelle des sauropodes géants – les plus grandes créatures ayant existé sur Terre – ont vécu sur tous les continents. Malgré leur allure imposante, ces colosses étaient tout de même la proie de grands et redoutables carnivores ! Les derniers chapitres ont pour but de te montrer la grande variété de dinosaures ayant vécu au Crétacé, dont les espèces les plus connues, comme *T-rex* ou *Triceratops*. L'ère des dinosaures a pris fin lorsqu'un astéroïde s'est abattu sur la Terre, provoquant une extinction de masse de tous les dinosaures non-aviens (non-oiseaux). Nos oiseaux modernes sont en effet les descendants des dinosaures aviens ayant survécu.

LES TEMPS GÉOLOGIQUES Les scientifiques divisent l'histoire de la Terre en unités de temps géologique. La planète s'est formée il y a environ 4,6 milliards d'années, mais il n'y a eu aucune créature vivante jusqu'à il y a environ 540 millions d'années. Les quatre premiers milliards d'années sont regroupés sous le nom de éon Précambrien. Ensuite, le temps géologique est divisé en ères et en périodes. Ainsi, les dinosaures ont vécu pendant l'ère Mésozoïque, au cours des périodes du Trias, du Jurassique et du Crétacé.

540 millions d'années

299 millions d'années

PERMIE

PALÉOZOÏQUE

Les prosauropodes, tels ces Plateosaurus *(voir pages 36-37), ont vécu au Trias et ont été les ancêtres des dinosaures géants ultérieurs, à savoir les sauropodes au long cou et à longue queue. Leur taille plus petite leur permettait de se déplacer sur deux pattes au lieu de quatre.* Anchisaurus *(voir page 38) et* Melanorosaurus *(voir page 44) sont d'autres exemples de prosauropodes du Trias.*

millions d'années | 202 millions d'années | 146 millions d'années | 66 millions d'années | AUJOURD'HUI

TRIAS | JURASSIQUE | CRÉTACÉ

MÉSOZOÏQUE — **CÉNOZOÏQUE**

EXTINCTION DES DINOSAURES

LES PREMIERS DINOSAURES

Les dinosaures sont les descendants des reptiles ayant vécu au Trias. Ces reptiles étaient principalement de petits carnivores qui ne jouaient pas encore de rôle majeur sur la planète.

LA GRANDE EXTINCTION

La scène se déroule dans ce qui est aujourd'hui l'Amérique du Nord. Deux reptiles *Dimetrodons* mâles s'apprêtent à se battre pour une femelle. Leurs « voiles » dressés sur le dos brillent sous l'effet des rayons du soleil. Au même moment, derrière eux, un volcan entre en éruption, projetant d'épaisses nuées de cendres et de poussières dans l'atmosphère, obscurcissant le soleil et annonçant l'événement connu sous le nom d'extinction Permien-Trias ou de « Grande Extinction », qui va aboutir à la disparition de 90 % de la vie sur Terre.

DEUX TYPES DE DENTS Bien que le voile sur son dos soit sa principale caractéristique, ce reptile porte un nom en lien avec ses dents. En effet, son nom signifie « deux tailles de dents » car il avait deux types de dents : des canines pointues idéales pour saisir une proie et des dents crénelées utilisées pour découper et mâcher la chair.

Le voile, qui contenait de nombreux vaisseaux sanguins, permettait au Dimetrodon *de réguler sa température corporelle : suivant son orientation par rapport au soleil, son corps pouvait soit se réchauffer, soit se refroidir.*

LES EXTINCTIONS DE MASSE La disparition des formes de vie sur Terre peut se faire de manière progressive : tandis que certaines espèces évoluent pour s'adapter à un environnement en constant changement, d'autres espèces, plus anciennes, disparaissent. Mais, parfois, de nombreuses espèces disparaissent en peu de temps en raison de changements brutaux ou d'un seul événement catastrophique. On appelle cela une extinction de masse.

LA GRANDE EXTINCTION Il y a eu cinq extinctions de masse au cours de l'histoire de notre planète. La plus récente a eu lieu à la fin du Crétacé, lorsque les dinosaures non-aviens (non-oiseaux) ont disparu. Mais la plus grande extinction de masse s'est produite juste avant l'apparition des dinosaures, à la fin du Permien.

UN REPTILE À VOILE *Dimetrodon* n'est pas un dinosaure, même s'il est souvent considéré comme tel. Il s'est éteint environ 50 millions d'années avant l'apparition des premiers dinosaures et fait partie d'un groupe de reptiles appelés pélycosaures. Ils sont plus proches des mammifères que des dinosaures.

DIPLOCAULUS Tandis que les *Dimetrodons* se font face, un *Diplocaulus* observe la scène. Cet amphibien, qui vivait dans les zones marécageuses, mesurait environ 91 cm de long. Sa tête avait la forme d'un boomerang.

DIMETRODON

VIVAIT	290-270 millions d'années (Permien) ; Amérique du Nord	HABITAT	Broussaille sèche ou désert
FAMILLE	SPHENACODONTIDAE	RÉGIME	Carnivore : petits amphibiens et reptiles
LONGUEUR	3,50 À 4,60 M	INFOS CLÉS	Quadrupède ; pattes sur les côtés et non sous le corps
POIDS	Environ 250 kg		

LE CHASSEUR DES MARAIS

Un robuste *Batrachotomus* scrute les marécages peu profonds à la recherche du meilleur endroit pour trouver les poissons et les amphibiens qui constituent sa nourriture. Il se glisse dans l'eau et se dirige silencieusement vers l'endroit idéal pour guetter sans être vu. Très vite, d'un claquement de ses énormes mâchoires, il frappe, tuant sa proie instantanément, et l'engloutit d'un seul coup !

DES CARACTÉRISTIQUES REMARQUABLES *Batrachotomus* avait une double rangée de plaques osseuses le long du dos, du cou à la queue. Ces plaques osseuses étaient peut-être également présentes sur d'autres parties de son corps. Ses longues pattes arrière et sa démarche dressée lui permettaient de courir plus vite que de nombreux autres archosaures.

UN HABITAT EN ZONES HUMIDES Des fossiles de *Batrachotomus* ont été trouvés dans le sud de l'Allemagne, dans une zone qui était marécageuse pendant le Trias moyen.

PÊCHER POUR SE NOURRIR *Batrachotomus* a été l'un des plus grands prédateurs de son époque, se nourrissant principalement de poissons et d'amphibiens qu'il attrapait au bord de l'eau. Ses dents aiguisées et recourbées vers l'arrière lui permettaient de maintenir dans sa gueule des proies glissantes.

BATRACHOTOMUS

VIVAIT	240-235 millions d'années (Trias moyen) ; Europe (Allemagne)
FAMILLE	Prestosuchidae
LONGUEUR	Jusqu'à 6 m
HAUTEUR	Environ 1,50 m
POIDS	1,10 kg
HABITAT	Régions marécageuses avec des points d'eau peu profonds pour chasser
RÉGIME	Carnivore : poissons et amphibiens
INFOS CLÉS	Superprédateur ; peau écailleuse, notamment sur le dos

Batrachotomus *n'était pas un dinosaure. C'était un archosaure géant, semblable à un crocodile, de la taille à peu près d'un crocodile marin. Les dinosaures étaient aussi des archosaures, mais les scientifiques ne savent pas exactement à quel point les deux groupes sont liés.*

IL MARCHAIT À QUATRE PATTES Contrairement aux crocodiles actuels, qui ont des pattes repliées de chaque côté du corps, *Batrachotomus* marchait les pattes dressées sous son corps.

La position des os pelviens permet au *Batrachotomus* d'avoir les pattes arrière dressées.

UN ANCÊTRE DES DINOSAURES *Arizonasaurus* n'était pas un dinosaure, mais un des reptiles qui les a précédés. Le groupe des Ctenosauriscidae auquel il appartenait était composé de tous les archosaures à voile de tailles variées.

Arizonasaurus *a été l'un des premiers archosaures, un groupe qui inclut les dinosaures ainsi que les oiseaux, les ptérosaures, les tortues et les crocodiliens.*

ARIZONASAURUS

VIVAIT	240-230 millions d'années (Trias moyen) ; États-Unis
FAMILLE	Ctenosauriscidae
LONGUEUR	Environ 3 m
HAUTEUR	Jusqu'à 1 m
POIDS	Environ 226,80 kg
HABITAT	Forêts et zones boisées ; restait près de l'eau lorsque c'était possible
RÉGIME	Carnivore : petits animaux et poissons
INFOS CLÉS	Peau épaisse et écailleuse pour se protéger des prédateurs ; quadrupède avec les pattes dressées

UN PRÉDATEUR RAPIDE *Arizonasaurus* était un redoutable prédateur. Ses robustes os pelviens suggèrent qu'il a peut-être même été capable de se dresser sur ses pattes arrière pour courir plus vite.

VOILE OU BOSSE ? Certains scientifiques pensent que *Arizonasaurus* avait une bosse plutôt qu'un voile. Cette bosse aurait alors servi à stocker de la graisse, bien utile lorsque la nourriture se faisait rare.

À L'AFFÛT !

Un *Arizonasaurus* affamé parcourt les terres arides à la recherche de rhynchosaures et d'autres reptiles à dévorer. Il est vraiment de mauvaise humeur, car il n'a pas mangé depuis trois jours. Ses mâchoires sont garnies de dents pointues et, lorsqu'il trouve une proie, il la déchire en petits morceaux en à peine quelques secondes. Bien que de taille moyenne, *Arizonasaurus* possède une mâchoire aussi puissante que celle des premiers dinosaures carnivores.

PAS DES DINOSAURES
Ces deux créatures ne sont pas des dinosaures. *Smilosuchus* appartient à un groupe de reptiles semi-aquatiques appelé phytosaures. *Placerias* est un dicynodonte, un ancêtre reptilien des mammifères.

LES REPTILES GÉANTS DU TRIAS

Les *Placerias* sont prudents au bord de l'eau. Car c'est là que le redoutable *Smilosuchus* se tapit, attendant qu'ils viennent boire pour les attaquer. Mais aujourd'hui, *Smilosuchus* a déjà mangé, donc les deux ennemis jurés ne font que se surveiller.

SMILOSUCHUS

VIVAIT	228-208 millions d'années (Trias supérieur) ; Amérique du Nord
FAMILLE	Parasuchidae
LONGUEUR	Jusqu'à 12 m
POIDS	Jusqu'à 700 kg
RÉGIME	Carnivore : poissons, amphibiens et autres reptiles
HABITAT	Terres marécageuses près des rivières
INFOS CLÉS	Reptile massif semblable à un crocodile ; superprédateur ; corps recouvert d'ostéodermes (plaques osseuses)

SMILOSUCHUS Ce reptile géant ressemblait beaucoup à un crocodile. Il vivait dans les marais et les cours d'eau où il chassait d'autres reptiles de toutes tailles. Son nom, qui signifie « crocodile burin », fait référence à ses puissantes dents en forme de burin pointu situées à l'avant de sa mâchoire. Malgré son apparence, Smilosuchus n'a pas de lien avec les crocodiles d'aujourd'hui.

UNE MÂCHOIRE EN FORME DE BEC La bouche de cet herbivore était robuste et semblable à un bec, ce qui lui permettait de couper de petites plantes proches les unes des autres, ainsi que des racines et des branches plus épaisses.

PLACERIAS

VIVAIT	220-215 millions d'années (Trias supérieur) ; Amérique du Nord
FAMILLE	Stahleckeriidae
LONGUEUR	3 m
POIDS	Jusqu'à 1 800 kg
HABITAT	Forêts, bois et plaines inondables
RÉGIME	Herbivore : racines et plantes basses (fougères et mousses)
INFOS CLÉS	Pattes robustes, pieds plats et larges ; corps en forme de tonneau ; cou puissant et tête volumineuse

DES ANIMAUX DE TROUPEAUX La découverte en Arizona d'une quarantaine de squelettes de *Placerias* a conduit les scientifiques à penser que cet animal vivait en troupeaux. Les nombreux fossiles retrouvés permettent d'effectuer des recherches approfondies sur la physionomie, la manière de se déplacer et l'alimentation de ces créatures.

PLACERIAS

PLACERIAS Son nom signifie « corps large ». Avec son corps trapu et rond, il ressemblait à un hippopotame. Il a peut-être d'ailleurs passé beaucoup de temps dans l'eau, tout comme les hippopotames d'aujourd'hui. *Placerias* avait un cou court, un corps en forme de tonneau, une queue courte et un museau en forme de bec avec de grands os en forme de défenses saillant de sa mâchoire supérieure.

DANS LES MERS DU TRIAS

Grâce à son corps élancé, cet ichthyosaure fend l'eau à grande vitesse, changeant de direction grâce à ses nageoires et à sa queue. Ses dents sont adaptées pour saisir efficacement ses proies, telles que ces créatures ressemblant à des calmars. Les ichthyosaures ont été les principaux prédateurs marins pendant plus de 150 millions d'années.

PROGANOCHELYS Ce lointain ancêtre de la tortue possédait des dents enchâssées dans le palais. Il chassait en utilisant son odorat, car son ouïe et sa vue n'étaient pas bien développées. Il ne pouvait pas rentrer sa tête dans sa carapace, mais son cou était protégé par des épines.

Fait inhabituel, les bébés ichthyosaures naissaient « tout faits » (pas sous forme d'œuf) et ressemblaient exactement à leurs parents, mais en plus petits.

LES NOTHOSAURES Ces grands reptiles passaient la plupart de leur temps en mer. Leurs pieds palmés étaient idéaux pour nager, mais ces derniers étaient aussi munis de griffes leur permettant de grimper sur les rochers.

ICHTHYOSAURE

VIVAIT	250-90 millions d'années (Trias inférieur au Crétacé supérieur) ; monde entier
ORDRE	Ichthyosauria
LONGUEUR	Jusqu'à 25 m
HABITAT	Mers et océans peu profonds
RÉGIME	Carnivore : poissons et créatures ressemblant à des calmars
INFOS CLÉS	Ressemble à un grand dauphin ; superprédateur marin pendant la majeure partie du Mésozoïque ; nombreuses espèces différentes

REPTILES MARINS Les mers d'alors regorgeaient de créatures fascinantes de toutes formes et tailles. Certaines se contentaient de se nourrir de petits poissons et de coquillages. D'autres étaient de redoutables prédateurs, comme le sont aujourd'hui les requins, les phoques, les lions de mer, les dauphins et les baleines. Ces créatures étaient toutes des reptiles marins, contrairement aux mammifères et aux poissons qui dominent les océans modernes.

LES PLACODONTES Ce groupe de reptiles au corps en forme de tonneau aimait manger des mollusques (coquillages). Leurs dents de devant dépassaient de leur bouche, leur permettant de fouiller le fond marin. Leurs dents situées à l'arrière étaient arrondies et solides, idéales pour écraser les coquillages.

LES ICHTHYOSAURES Plus de 100 espèces d'ichthyosaures ont vécu au cours du Mésozoïque. Certaines étaient petites, mais d'autres étaient énormes. *Shonisaurus*, au Trias, mesurait plus de 25 m de long et a été probablement le plus grand reptile marin ayant jamais existé.

Voici la silhouette de l'ichthyosaure : il ressemble beaucoup à un dauphin.

MBIRESAURUS

VIVAIT	Vers 235 millions d'années (Trias supérieur) ; Afrique
CLADE	Sauropodomorphe
LONGUEUR	Jusqu'à 1 m
POIDS	9 à 27 kg
HABITAT	Régions chaudes mais humides avec de la végétation et de l'eau
RÉGIME	Omnivore : principalement des plantes, mais aussi de petits insectes et de petits animaux
INFOS CLÉS	Plus ancien dinosaure africain connu ; taille d'un poulet

LE PREMIER DINOSAURE AFRICAIN

Mbiresaurus était aussi grand qu'un poulet, mais sa découverte a permis d'en savoir plus sur les premiers dinosaures. On pense qu'ils ont vécu il y a environ 235 millions d'années en Afrique et en Amérique du Sud. *Mbiresaurus* est le plus ancien dinosaure trouvé en Afrique.

LE PREMIER DINOSAURE Cette créature est l'un des tout premiers dinosaures sur Terre. Ses restes ont été découverts entre 2017 et 2019 en Afrique, au Zimbabwe. Ils sont contemporains d'autres fossiles de dinosaures primitifs découverts en Amérique du Sud et en Inde. À cette période du Trias, il n'y avait qu'un seul supercontinent géant appelé la Pangée. Les animaux pouvaient alors de se déplacer partout.

LES FOSSILES DÉCOUVERTS

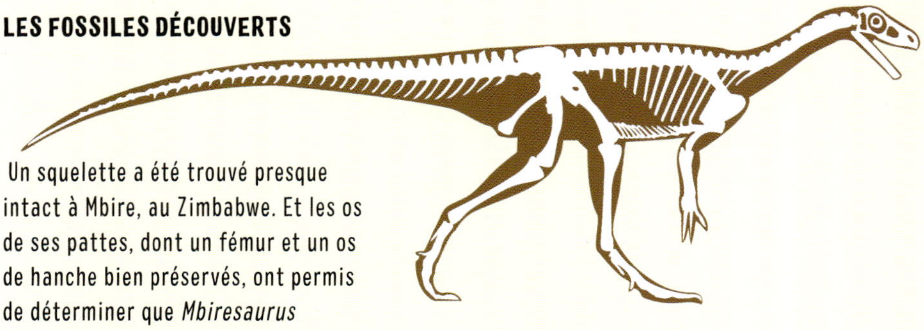

Un squelette a été trouvé presque intact à Mbire, au Zimbabwe. Et les os de ses pattes, dont un fémur et un os de hanche bien préservés, ont permis de déterminer que *Mbiresaurus* marchait sur ses deux pattes arrière.

UN AVANT-GOÛT DU FUTUR Les premiers dinosaures n'étaient pas des espèces dominantes comme leurs descendants. Ils vivaient aux côtés d'autres reptiles, tels que les pseudosuchiens ou les rauisuchiens (proches des crocodiles), et les reptiles nageurs, comme les placodontes et les ichthyosaures. Ils partageaient aussi leur territoire avec des herbivores, par exemple les rhynchosaures et les cynodontes (souche qui a donné naissance aux mammifères).

Les plus anciens fossiles de dinosaures connus datent du Trias moyen, il y a au moins 235 millions d'années. Très rares, ils ont été trouvés seulement dans quelques endroits, dans le nord de l'Argentine, le sud du Brésil, l'Inde et l'Afrique.

La formation d'Ischigualasto où a été découvert Eoraptor *a été transformée en parc du patrimoine mondial (Argentine). Il est également connu sous le nom de Moon Valley Park (« parc de la Vallée de la Lune ») en raison de ses paysages lunaires.*

LE « VOLEUR DE L'AUBE »

Alors que le soleil se lève sur la vallée fluviale, volcaniquement active, des *Eoraptors* apparaissent, en quête de nourriture. Debout sur des affleurements rocheux, les dinosaures s'interpellent et appellent les autres animaux de la vallée, qui leur répondent.

EORAPTOR

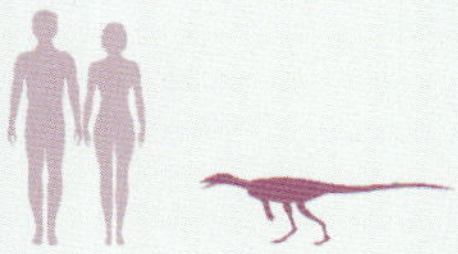

VIVAIT	Environ 230-223 millions d'années (Trias supérieur) ; Amérique du Sud (Argentine)
CLADE	Sauropodomorphe
LONGUEUR	1 m
POIDS	Environ 10 kg
HABITAT	Vallées fluviales au climat chaud et humide avec plaines inondables et hautes forêts
RÉGIME	Omnivore ou herbivore : plantes, insectes et autres petites créatures
INFOS CLÉS	Dinosaure très ancien ; bipède, mains préhensiles (qui ont la faculté de saisir)

PAS FACILE À CLASSER ! Lors de la première découverte d'*Eoraptor*, les scientifiques ont d'abord cru qu'il s'agissait d'un théropode carnivore. Aujourd'hui, la plupart des experts le définissent comme un sauropodomorphe herbivore.

*Les premiers fossiles d'*Eoraptor *ont été découverts en Argentine en 1991.*

L'UN DES PREMIERS DINOSAURES Lorsque *Eoraptor* a été découvert dans les années 1990, certains scientifiques ont pensé qu'il était peut-être le premier dinosaure – bien que d'autres chercheurs se soient demandé s'il s'agissait vraiment d'un dinosaure. Maintenant, nous connaissons plusieurs créatures plus anciennes qui sont incontestablement de vrais dinosaures, comme *Mbiresaurus* (voir pages 22-23).

Le mélange de gazouillements, de rugissements et de barrissements ressemblait peut-être à une version moins mélodieuse du chant des oiseaux modernes à l'aube.

MUSEAU ET DENTS *Eoraptor* avait une petite tête mince. Ses mâchoires étaient garnies de deux types de dents différents. À l'arrière de sa bouche, il avait des dents avec des bords dentelés, typiques d'un carnivore. Mais ses dents de devant étaient plutôt en forme de feuille, comme celles des herbivores.

*Un crâne d'*Eoraptor *dans la main d'une personne adulte*

UN PARC PALÉONTOLOGIQUE UNIQUE La formation d'Ischigualasto en Argentine est très riche en fossiles du Trias supérieur et possède certains des plus anciens restes de dinosaures connus, comme *Pisanosaurus* et *Herrerasaurus* (voir pages 26-27).

DES OS CREUX *Eoraptor* était de la taille d'un renard. Tous ses os étaient creux, ce qui le rendait léger et agile. Il courait sur ses pattes arrière et utilisait sa queue pour se diriger et garder l'équilibre. *Eoraptor* avait des membres antérieurs courts se terminant par de longs doigts avec des griffes acérées qu'il utilisait pour déterrer des racines et saisir ses proies.

Comme de nombreux dinosaures primitifs, Herrerasaurus *avait cinq orteils sur chaque pied. Seuls les trois du milieu supportaient son poids ; le premier et le cinquième orteil ont été perdus chez les théropodes ultérieurs.*

UN DES PREMIERS… *Herrerasaurus* est l'un des premiers dinosaures carnivores.

LES PREMIERS MAMMIFÈRES Après la Grande Extinction (voir pages 12-13), de nouveaux types d'animaux ont pu se développer. C'est le cas des ancêtres des mammifères modernes, qui étaient la proie des reptiles carnivores qui parcouraient de nombreuses parties de la Pangée. Par exemple, *Megazostrodon* (ci-dessus) était une petite créature velue de la taille d'une souris. *Haramiyida* (à droite) regroupait des créatures ressemblant à des rongeurs, dont certaines ont peut-être évolué pour vivre dans les arbres.

HERRERASAURUS

VIVAIT	Environ 230 millions d'années (Trias supérieur) ; Amérique du Sud (Argentine)
FAMILLE	Herrerasauridae
LONGUEUR	5 à 6 m
POIDS	210 à 350 kg
HABITAT	Forêts et bois, éventuellement aussi plaines inondables
RÉGIME	Carnivore : reptiles et mammifères de petite à moyenne taille
INFOS CLÉS	Un des premiers dinosaures répertoriés ; vivait en Amérique du Sud

DES MAMMIFÈRES AU MENU

Herrerasaurus est l'un des plus grands carnivores primitifs. Cependant, il ne s'attaque pas à des proies de grande taille : il se contente de petits animaux. Ce prédateur rapide n'a aucun problème à trouver de la nourriture.

UN COUREUR RAPIDE *Herrerasaurus* avait des pattes arrière longues et musclées, ce qui lui permettait de se déplacer rapidement. Ses pieds relativement longs lui assuraient une bonne stabilité. Sa queue lui servait de gouvernail pour se diriger et garder l'équilibre.

UNE MÂCHOIRE À DOUBLE ARTICULATION Sa puissante mâchoire avec des dents très coupantes indique qu'il était carnivore. Sa mandibule inférieure présentait une articulation flexible, de sorte qu'elle pouvait glisser d'avant en arrière pour saisir des proies mouvantes.

THRINAXODON était une créature ressemblant à un mammifère, de la taille à peu près d'un renard. Ses dents suggèrent qu'il était carnivore. Nous ne savons pas s'il était recouvert de fourrure, comme les mammifères modernes.

Les fossiles de Thrinaxodon*, comme celui à droite, suggèrent qu'il pouvait hiberner dans des terriers, comme le font de nombreux mammifères modernes.*

THRINAXODON

UNE MEUTE DE CHASSEURS

Ce *Postosuchus* se retrouve face à un groupe de *Coelophysis*. Il pourrait repousser avec facilité un ou deux de ces petits dinosaures féroces. Mais en affronter cinq est plus difficile. Dès qu'ils auront tué leur proie, les *Coelophysis* la mangeront vite avant que d'imposants charognards n'arrivent pour la leur disputer.

Plusieurs ptérosaures volent au-dessus de la mêlée. Ils espèrent profiter des restes du Postosuchus *si les* Coelophysis *l'emportent.*

POSTOSUCHUS

DE NOMBREUX FOSSILES Beaucoup de fossiles de *Coelophysis* ont été découverts, ce qui en fait l'un des dinosaures les mieux connus. Le seul site de la carrière de Ghost Ranch, au Nouveau-Mexique (États-Unis), a permis de retrouver des milliers d'os !

Coelophysis signifie « forme creuse ». Il est ainsi nommé en raison de ses os creux.

DES CHASSEURS EN MEUTE *Coelophysis* est l'un des premiers dinosaures en Amérique du Nord. Grâce à sa rapidité et à son agilité, ce carnivore pouvait attraper des insectes et de petits reptiles. Les paléontologues pensent qu'il chassait également en meute quand il s'agissait de s'attaquer à des proies plus grandes, comme *Postosuchus* ici.

RAPIDE ET MORTEL Grâce à leurs longues pattes arrière puissantes, les *Coelophysis* pouvaient parcourir rapidement de grandes distances à la recherche de proies. Leurs dents tranchantes comme des rasoirs et leurs mains préhensiles leur permettaient de saisir et de tuer leurs victimes.

Coelophysis

VIVAIT	228-201 millions d'années (Trias supérieur) ; Afrique, Amérique du Nord	HABITAT	Environnements chauds : plaines inondables tropicales et déserts secs
FAMILLE	Coelophysidae	RÉGIME	Carnivore : insectes et reptiles ; également charognard
LONGUEUR	Jusqu'à environ 3 m	INFOS CLÉS	Premier vrai dinosaure ; répandu et bien connu ; prédateur rapide et redoutable
POIDS	Jusqu'à environ 27 kg		

LES SEIGNEURS DU CIEL Apparus il y a environ 220 millions d'années, les ptérosaures étaient des reptiles volants, et non des dinosaures. Ils ont dominé le ciel pendant plus de 150 millions d'années, avant de s'éteindre à la fin du Crétacé. *Peteinosaurus* était l'une des espèces les plus petites, les plus anciennes et les plus primitives.

À LA FOIS PRÉDATEUR ET PROIE Les ptérosaures étaient des volatiles agiles. Cela faisait d'eux de bons chasseurs, mais cela leur permettait aussi d'éviter les grands prédateurs carnivores. Outre *Peteinosaurus*, citons *Liliensternus*, qui vivait également en Europe pendant le Trias supérieur.

UNE DIRECTION ASSISTÉE *Peteinosaurus* volait, il ne planait pas. Ses ailes, semblables à celles des chauves-souris, le propulsaient assez longtemps dans les airs. Elles étaient courtes par rapport à celles des autres ptérosaures : environ le double de la longueur de ses pattes arrière.

LA VIE DANS LES AIRS

Sa principale source de nourriture étant les libellules, *Peteinosaurus* a intérêt à être rapide et agile ! C'est le cas de ces *Peteinosaurus* qui plongent et virevoltent pour attraper des insectes en plein vol. *Peteinosaurus* s'est pourtant éteint dès à la fin du Trias.

AU SOL Lorsqu'elles n'étaient pas en l'air, ces créatures se tenaient debout au sol sur leurs quatre membres. Elles se déplaçaient en utilisant à la fois leurs pattes arrière et leurs membres antérieurs qui ressemblaient à des ailes.

Ces ptérosaures avaient de petites dents pointues idéales pour attraper des insectes en vol.

PETEINOSAURUS

VIVAIT	220-210 millions d'années (Trias supérieur) ; sud de l'Europe (Italie)
ORDRE	Pterosauria
LONGUEUR	50 cm
ENVERGURE	60 cm
POIDS	100 g
HABITAT	Rives de l'ancien océan Téthys
RÉGIME	Carnivore : insectes, tels que les libellules
INFOS CLÉS	Un des ptérosaures les plus anciens et les plus petits ; les juvéniles mettaient 40 ans pour atteindre la taille adulte

UNE QUEUE RIGIDE *Peteinosaurus* signifie « lézard ailé ». Il avait à peu près la taille d'une grande chauve-souris. Sa queue osseuse mesurait près de la moitié de la longueur de son corps.

UN FACE-À-FACE TENDU

Au pied de cette formation rocheuse, dans ce qui correspond aujourd'hui à l'Arizona (États-Unis), ce *Placerias* ne semble pas avoir l'intention de céder le passage à ces *Camposaurus*. Sa rencontre avec ces minuscules créatures ne devrait pas lui poser de problème, mais ces mini-chasseurs sont tout de même quatre… Un combat va-t-il avoir lieu ou bien les *Camposaurus* pourront-ils passer tranquillement ?

UN PRÉDATEUR ET UNE PROIE *Camposaurus* était petit et se nourrissait probablement de lézards et de jeunes dinosaures. Mais il était également la proie de plus grands reptiles carnivores.

LE *PLACERIAS* Ce robuste herbivore du Trias avait à peu près la taille d'un grand hippopotame. Tu trouveras plus d'informations à son sujet en pages 18-19.

CAMPOSAURUS

VIVAIT	227-205 millions d'années (Trias supérieur) ; États-Unis
FAMILLE	Coelophysidae
LONGUEUR	Inconnue (trop peu de fossiles)
POIDS	Inconnu (trop peu de fossiles)
HABITAT	Plaines, avec des rivières et des lacs
RÉGIME	Carnivore : insectes, lézards et autres petites créatures
INFOS CLÉS	Un des premiers carnivores ; peu d'informations fiables

DES COUSINS DU *COELOPHYSIS*

Peu de fossiles de *Camposaurus* ont été découverts. Seuls les os des membres inférieurs ont été identifiés. À partir de ceux-ci, on en a conclu qu'il avait de longues jambes lui permettant de courir et des pieds griffus à trois doigts. Ils ont aussi permis de savoir que cette créature était liée à un autre dinosaure plus connu, *Coelophysis* (voir pages 28-29).

EUCOELOPHYSIS

Un animal similaire à *Camposaurus*, appelé *Eucoelophysis*, a été trouvé à proximité. Au début, les scientifiques pensaient que les deux individus étaient étroitement liés, mais ils pensent maintenant que *Eucoelophysis* n'était pas un vrai dinosaure. Il appartenait à un groupe apparenté appelé les silésauridés.

LES NÉOTHÉROPODES

Camposaurus est l'un des premiers membres d'un groupe de dinosaures coelophysidés connu sous le nom de néothéropodes. C'est le seul groupe de théropodes à avoir survécu à l'extinction de masse à la fin du Trias.

Les fossiles de Camposaurus *sont si peu nombreux que certains scientifiques estiment que leur étude pourrait conduire à des conclusions peu fiables. Même l'âge des roches où ils ont été trouvés continue de faire débat.*

PROCOMPSOGNATHUS

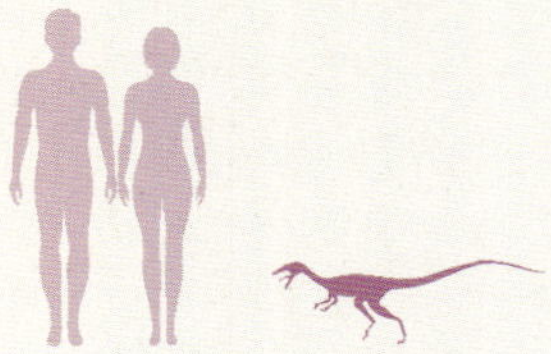

VIVAIT	220-205 millions d'années (Trias supérieur) ; Europe (Allemagne)
FAMILLE	Coelophysidae
LONGUEUR	Jusqu'à 1,20 m
HAUTEUR	Jusqu'à 28 cm
POIDS	Environ 1 kg
HABITAT	Vallées fluviales semi-sèches avec activité volcanique
RÉGIME	Carnivore : insectes, lézards et autres petites proies
INFOS CLÉS	Peu connu en raison de la médiocre qualité des fossiles

LE « COMPY »

Procompsognathus est célèbre grâce aux romans et aux films *Jurassic Park* dans lesquels il s'appelle « Compy ». Dans les films, ce dinosaure inocule un venin quand il mord sa victime, la rendant somnolente, et il a pour habitude de manger des excréments de sauropodes ! En réalité, la mauvaise qualité des fossiles retrouvés ne nous permet pas de savoir grand-chose sur ce dinosaure.

Aucune preuve n'a jamais été trouvée pour étayer la version d'un Procompsognathus *venimeux présentée dans* Jurassic Park. *Il semble qu'aucun dinosaure n'était venimeux.*

UN PETIT CHASSEUR *Procompsognathus* était un carnivore et chassait de petits animaux, comme les insectes et les lézards. Il tuait ses proies grâce à sa puissante mâchoire dotée de dents tranchantes.

Procompsognathus *était peut-être aussi un charognard, se nourrissant de cadavres.*

« MÂCHOIRE ÉLÉGANTE » Ce dinosaure a été nommé *Procompsognathus* en raison de sa ressemblance avec *Compsognathus* (voir pages 74-75). *Compsognathus* signifie « mâchoire élégante ». « Pro », ajouté au début du nom, signifie qu'il est apparu avant *Compsognathus*.

DES DINOSAURES ? Alors que la plupart des chercheurs pensent que *Procompsognathus* est un très ancien dinosaure théropode, d'autres affirment qu'il est un archosaurien tardif et donc pas du tout un dinosaure. Pour l'instant, l'absence de fossiles de meilleure qualité ne permet pas de savoir qui a raison.

LA FORCE DU GROUPE

Un important troupeau de *Plateosaurus* s'aventure hors de la forêt pour aller boire à la rivière, une zone où ils deviennent vulnérables aux attaques de prédateurs. Tandis que certains boivent, d'autres surveillent les alentours, prêts à donner l'alerte si des prédateurs surgissent, tels que *Liliensternus*.

UNE VIE EN TROUPEAUX De nombreux squelettes de *Plateosaurus* ont été découverts ensemble sur certains sites. Cela suggère qu'ils vivaient en troupeaux ou, du moins, qu'ils se rassemblaient en groupes là où la nourriture abondait. Ils migraient également, se déplaçant, selon les saisons, là où la nourriture était la plus abondante.

UN HERBIVORE PRIMITIF DE GRANDE TAILLE *Plateosaurus* est un ancêtre des géants sauropodes du Jurassique, tel *Brachiosaurus*. Il se déplaçait sur deux ou quatre pattes, avait un long cou flexible et une lourde queue. Ses os étaient épais et robustes. Il était plus grand que les autres dinosaures de son époque.

DES MAINS PUISSANTES *Plateosaurus* possédait des mains fortes et préhensiles avec cinq longs doigts griffus. Les griffes du pouce, plus grandes, ont pu être utilisées pour se défendre et attraper de la végétation.

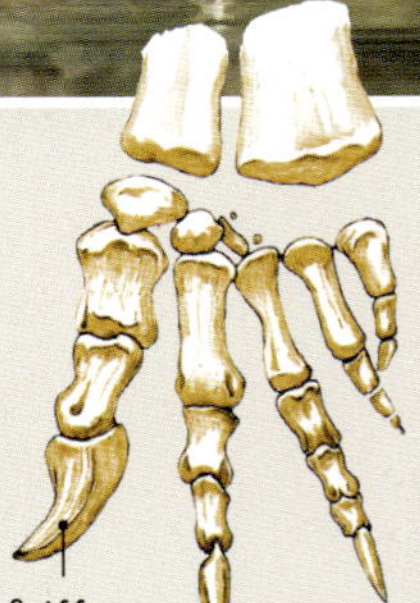

UNE ABONDANCE DE FOSSILES *Plateosaurus* a été l'un des premiers dinosaures à être découvert et décrit. De nombreux fossiles ont été découverts, dont plus de 100 squelettes rien qu'en Allemagne. Ils ont été étudiés de manière approfondie, ce qui permet à *Plateosaurus* d'être l'une des espèces les mieux connues.

PLATEOSAURUS

VIVAIT	214-204 millions d'années (Trias supérieur) ; Europe (France, Allemagne, Suisse)	HABITAT	Forêts près des rivières et zones ouvertes où ils pouvaient repérer les prédateurs
FAMILLE	Plateosauridae	RÉGIME	Herbivore : conifères, cycas et fougères arborescentes
LONGUEUR	7 à 8 m	INFOS CLÉS	Un des premiers grands herbivores ; a probablement vécu en troupeaux ; grandes griffes sur chaque pouce ; prosauropode ancêtre des géants du Jurassique
POIDS	Jusqu'à 4 000 kg		

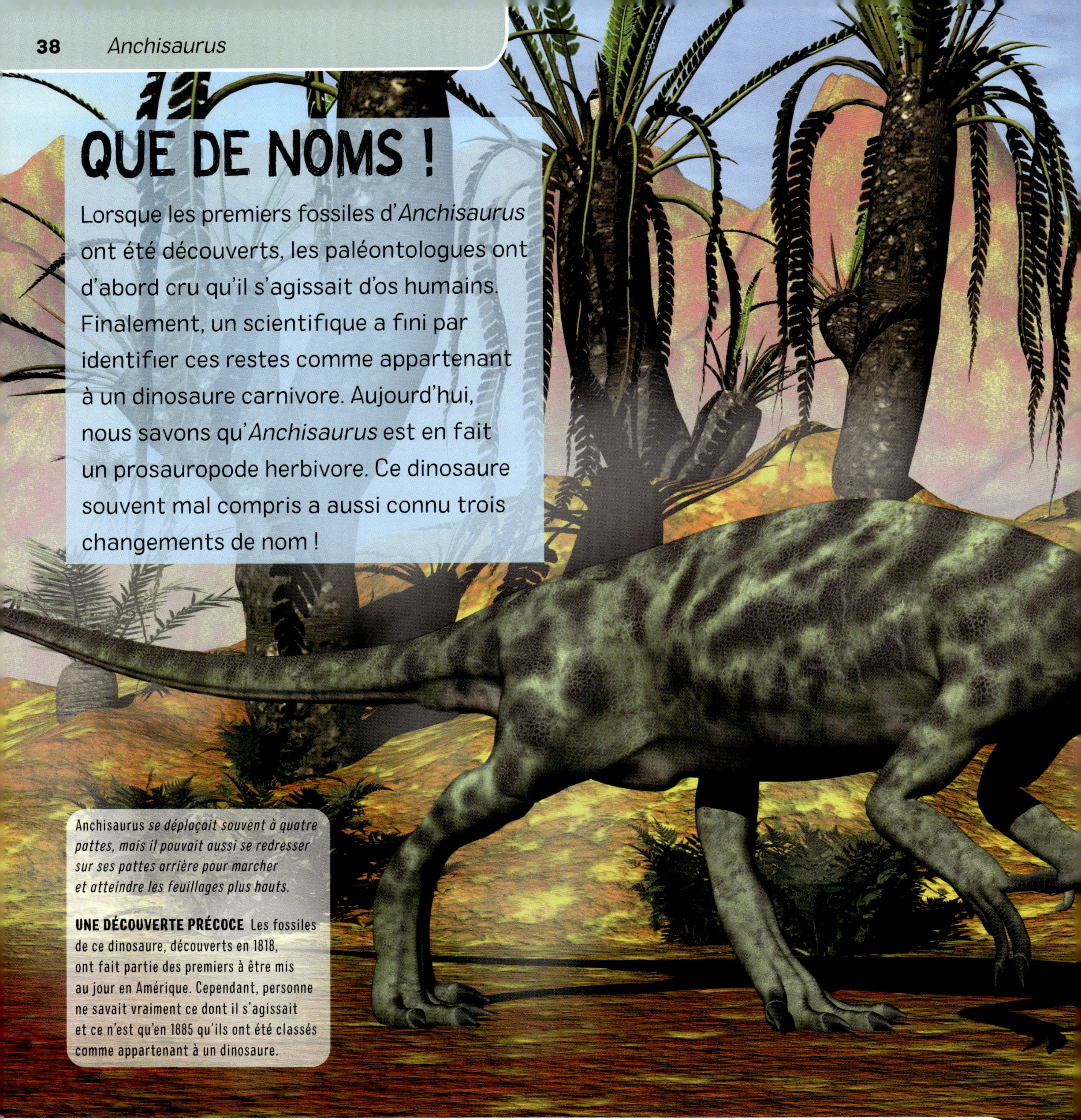

QUE DE NOMS !

Lorsque les premiers fossiles d'*Anchisaurus* ont été découverts, les paléontologues ont d'abord cru qu'il s'agissait d'os humains. Finalement, un scientifique a fini par identifier ces restes comme appartenant à un dinosaure carnivore. Aujourd'hui, nous savons qu'*Anchisaurus* est en fait un prosauropode herbivore. Ce dinosaure souvent mal compris a aussi connu trois changements de nom !

Anchisaurus *se déplaçait souvent à quatre pattes, mais il pouvait aussi se redresser sur ses pattes arrière pour marcher et atteindre les feuillages plus hauts.*

UNE DÉCOUVERTE PRÉCOCE Les fossiles de ce dinosaure, découverts en 1818, ont fait partie des premiers à être mis au jour en Amérique. Cependant, personne ne savait vraiment ce dont il s'agissait et ce n'est qu'en 1885 qu'ils ont été classés comme appartenant à un dinosaure.

ANCHISAURUS

VIVAIT	210-190 millions d'années (Trias supérieur au Jurassique inférieur) ; Amérique du Nord
FAMILLE	Anchisauridae
LONGUEUR	1,80 m
POIDS	Jusqu'à 35 kg
HABITAT	Zones boisées de l'Amérique du Nord
RÉGIME	Herbivore : plantes et arbustes de petite taille
INFOS CLÉS	Un des premiers dinosaures découverts ; corps long et élancé ; mains préhensiles inhabituelles

UN HERBIVORE Les dents d'*Anchisaurus* étaient plus grandes que celles des dinosaures auxquels il était apparenté, et sa mâchoire était plus forte, suggérant qu'il pouvait se nourrir d'aliments durs. Il avalait également des pierres, appelées gastrolithes, pour l'aider à digérer la matière végétale coriace. Il possédait des mains préhensiles avec des griffes pour saisir la végétation et repousser les prédateurs.

RENOMMÉ... Nommer les dinosaures n'est pas toujours simple. Souvent, on leur donne un nom lié à leurs caractéristiques qui s'avère plus tard avoir déjà été utilisé. Dans le cas d'*Anchisaurus*, cela s'est produit deux fois ! Ses noms précédents étaient *Megadactylus* et *Amphisaurus*.

... ET RECLASSIFIÉ La classification exacte d'*Anchisaurus* a également suscité quelques débats. Initialement considéré comme un prosauropode, on pense maintenant qu'il est plus proche des sauropodes.

DES SOSIES DE DINOSAURES

La forêt est silencieuse. Soudain, quatre créatures ressemblant à des dinosaures surgissent de la végétation, traversent le ruisseau et disparaissent à nouveau. On pourrait penser qu'il s'agit de dinosaures ornithomimidés (semblables à des autruches). Mais nous sommes à la fin du Trias et ces dinosaures n'existent pas encore, pas avant 80 millions d'années. Il s'agit d'un groupe d'*Effigia*, un reptile sans dents ressemblant à un dinosaure bipède d'environ 1,80 m de long, mais qui est en réalité un cousin éloigné des crocodiles.

UNE ÉVOLUTION CONVERGENTE Parfois, des animaux ou des plantes qui vivent dans le même milieu finissent par se ressembler, même s'ils ne sont pas apparentés. En effet, ils évoluent de manière à s'adapter au mieux à leur environnement. Les *Effigia* étaient des herbivores minces et bipèdes, tout comme les dinosaures ornithomimidés qui leur ressemblaient.

UN RÉGIME ALIMENTAIRE INCONNU Il est difficile de savoir vraiment ce qu'*Effigia* mangeait. Il avait un bec mais pas de dents et il se nourrissait probablement de plantes à croissance basse. Cependant, d'autres animaux avec des becs sont connus pour manger de la viande, il est donc possible qu'*Effigia* en ait également consommé.

UNE DESCRIPTION TARDIVE Les premiers fossiles d'*Effigia* ont été découverts dans la carrière de Ghost Ranch, au Nouveau-Mexique, dans les années 1940. Ils ont été entreposés au Musée Américain d'Histoire Naturelle (New York) où ils ont été oubliés. Ils ont finalement été étudiés en 2006.

UN SOSIE Beaucoup de reptiles vivant à cette époque ressemblaient à des dinosaures, même s'ils n'en étaient pas. *Euparkeria* (ci-dessous) vivait dans le sud de l'Afrique il y a environ 245 millions d'années. Il ressemblait à un dinosaure théropode, mais c'était un ancêtre archosaure, donc un parent du groupe qui inclut les crocodiliens, les ptérosaures et les dinosaures.

Effigia

VIVAIT	Vers 205 millions d'années (Trias supérieur) ; Amérique du Nord (Nouveau-Mexique)	HABITAT	Plaines inondables
FAMILLE	Shuvosauridae	RÉGIME	Herbivore ou omnivore : principalement des plantes mais aussi des insectes et d'autres petites créatures
LONGUEUR	2 m	INFOS CLÉS	Corps léger, long cou et longue queue, grands yeux et grand bec ; bipède
HAUTEUR	Jusqu'à 1 m		

DU POISSON AU MENU !

Deux *Eudimorphodons* affamés survolent la mer, cherchant des poissons dans la lumière du soir. Soudain, avec ses ailes serrées le long du corps, l'un d'eux plonge tête la première dans l'eau, réapparaissant très vite avec un poisson dans la bouche. Deux coups de dent et, hop, le poisson est avalé !

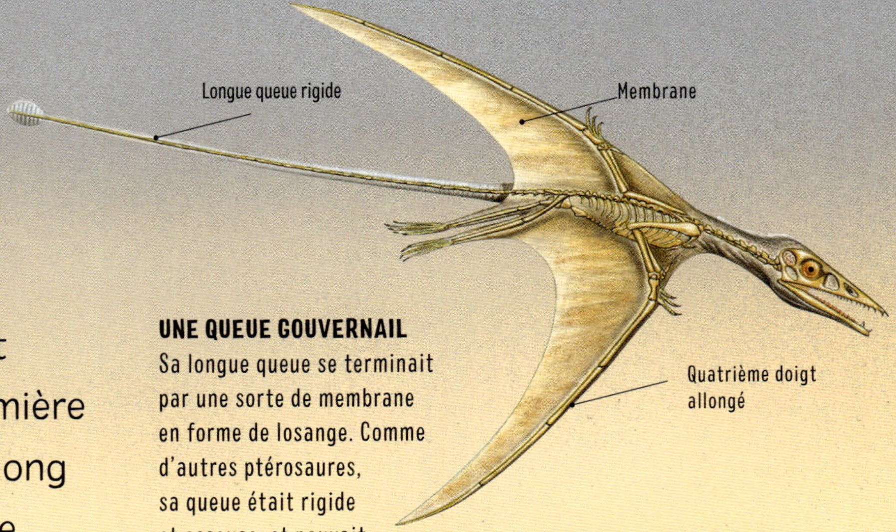

UNE QUEUE GOUVERNAIL
Sa longue queue se terminait par une sorte de membrane en forme de losange. Comme d'autres ptérosaures, sa queue était rigide et osseuse, et pouvait l'aider à se diriger durant son vol.

SA TAILLE
Plusieurs spécimens de cette créature ont été trouvés. Certains sont de la taille d'un corbeau, tandis que d'autres sont plus grands, jusqu'à 91 cm d'envergure.

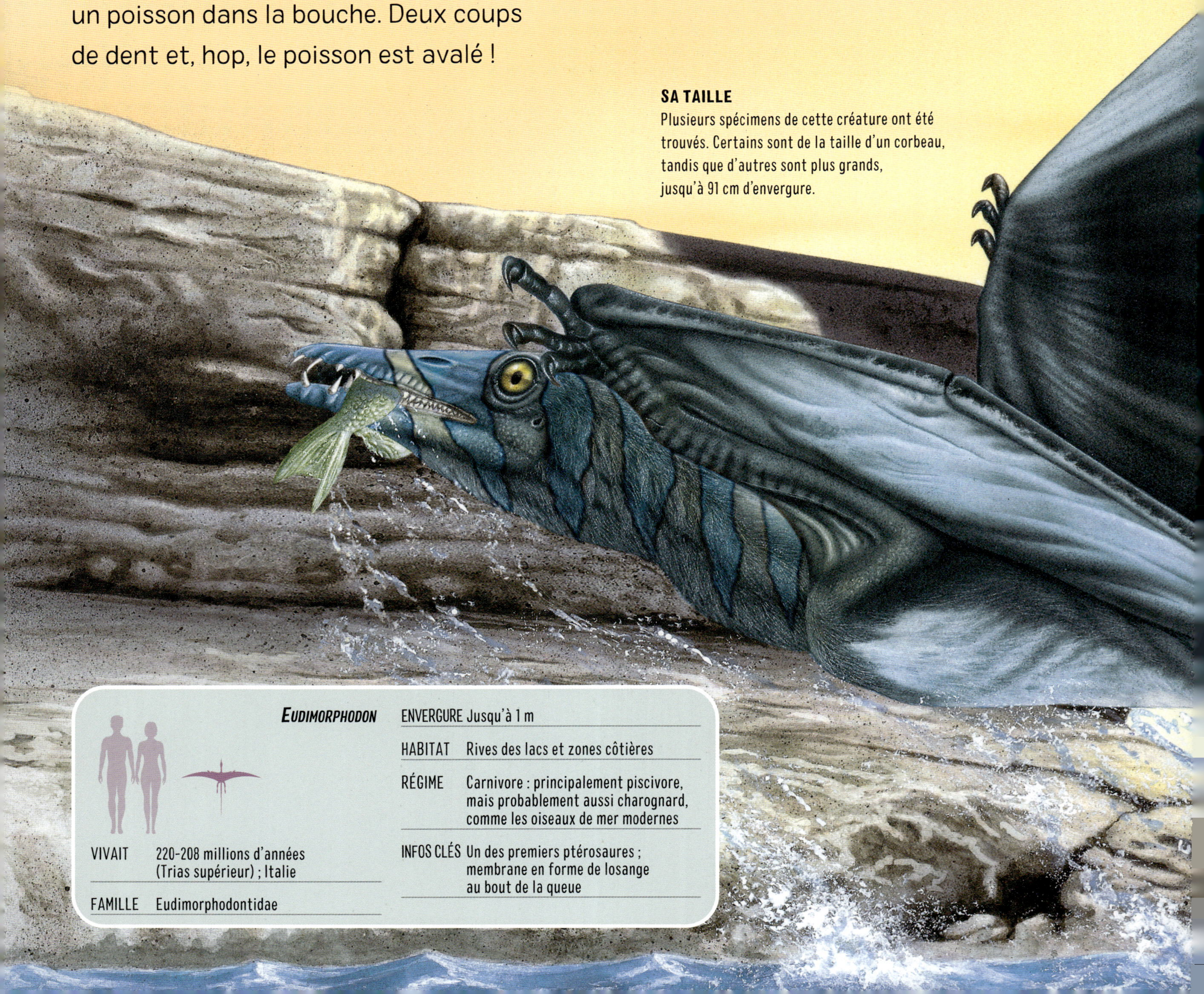

Eudimorphodon

VIVAIT	220-208 millions d'années (Trias supérieur) ; Italie
FAMILLE	Eudimorphodontidae
ENVERGURE	Jusqu'à 1 m
HABITAT	Rives des lacs et zones côtières
RÉGIME	Carnivore : principalement piscivore, mais probablement aussi charognard, comme les oiseaux de mer modernes
INFOS CLÉS	Un des premiers ptérosaures ; membrane en forme de losange au bout de la queue

UN VRAI VOL *Eudimorphodon* fait partie des premiers ptérosaures. Comme tous les ptérosaures, ses ailes étaient constituées d'une membrane reliée au corps de l'épaule à la cheville et fixée au quatrième très long doigt de ses membres antérieurs. La membrane contenait des vaisseaux sanguins et des muscles, de sorte que ses ailes étaient assez solides pour lui permettre de voler plutôt que de simplement planer.

DE NOMBREUSES DENTS Son museau ne mesurait pas plus de 8 cm de long, mais sa bouche comportait plus d'une centaine de dents, dont six grandes dents acérées devant. Ces dents étaient très efficaces pour attraper les poissons dans l'eau et les mâcher avant de les avaler.

DE PLUS EN PLUS GRAND

Les dinosaures sur cette double page sont tous des prosauropodes, des géants du Trias supérieur. Ils ne vivaient pas côte à côte mais dans différentes parties du monde. Certains marchaient sur quatre pattes, d'autres sur deux. Ce sont les ancêtres des puissants sauropodes du Jurassique.

LES SAUROPODOMORPHES ont été les plus grands animaux terrestres pendant plus de 150 millions d'années. Il en existait de nombreux types différents, mais ils ont été divisés en deux groupes : les prosauropodes et les sauropodes. Les prosauropodes ont vécu principalement au cours du Trias, tandis que les énormes sauropodes ont dominé le Jurassique.

MELANOROSAURUS est l'un des plus grands prosauropodes. Comme les énormes sauropodes qui lui ont succédé, il avait des membres très robustes et marchait à quatre pattes, bien qu'il puisse se dresser sur ses pattes arrière si nécessaire. Il se nourrissait principalement de plantes, mais ses dents suggèrent qu'il pouvait aussi manger de petits animaux.

THECODONTOSAURUS Découvert en Angleterre, c'était un petit prosauropode. Son cou était court et son corps était de la taille d'un grand chien. Il courait probablement sur deux pattes et broutait sur quatre pattes.

MASSOSPONDYLUS Ses fossiles ont été trouvés en Afrique et en Amérique du Nord. C'était l'un des prosauropodes les plus répandus. Les premiers fossiles ont été découverts en 1854 et de nombreux autres ont été mis au jour depuis. Il mesurait environ 6,10 m de long et avait une tête relativement petite. Il se déplaçait sur deux pattes et avait des mains préhensiles avec des griffes pour saisir la nourriture.

MELANOROSAURUS

VIVAIT	227-221 millions d'années (Trias supérieur) ; Afrique du Sud
FAMILLE	Melanorosauridae
LONGUEUR	Jusqu'à 12 m
POIDS	Jusqu'à 12 000 kg
HABITAT	Climat chaud et sec avec pluies saisonnières
RÉGIME	Omnivore : principalement herbivore, mais pouvait aussi manger de petits animaux
INFOS CLÉS	Un des plus grands prosauropodes ; se déplaçait en général sur quatre pattes

« LÉZARD SOURIS »
Mussaurus signifie « lézard souris ». En effet, les premiers fossiles découverts dans les années 1970 étaient ceux de jeunes dinosaures mesurant entre 20 et 41 cm de long. Ils avaient de grandes têtes et de grands yeux.

DES BÉBÉS DU TRIAS

Ces bébés viennent de naître, ils n'ont que quelques heures. Ils sont aussi légers qu'un œuf de poule et pourraient tenir dans la paume de ta main. Ils vont rester ensemble dans leur nid, jouant et explorant leur environnement pendant un certain temps, sous la surveillance de leur mère. Dans un an, ils pèseront environ 7 kg et seront presque indépendants.

DE QUATRE À DEUX PATTES Les bébés *Mussaurus* marchaient à quatre pattes. Il leur fallait environ 8 ans pour atteindre le poids et la taille d'un adulte, pesant plus de 1 tonne (environ la taille d'un hippopotame). En grandissant, ils commençaient à marcher sur leurs pattes arrière. Être bipède leur permettait probablement de se déplacer et d'obtenir de la nourriture plus facilement.

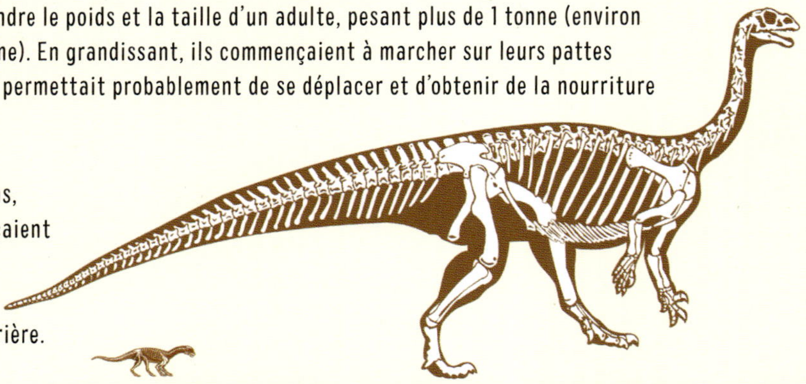

Comme les bébés humains, ces dinosaures se déplaçaient à quatre pattes avant d'apprendre à marcher sur leurs deux pattes arrière.

UNE VIE SOCIALE En Argentine, des paléontologues ont découvert un site de nidification de *Mussaurus* contenant plus de 100 œufs et de 80 squelettes. Les œufs, dont certains contenaient des embryons, étaient disposés par groupes de 8 à 30 œufs, ce qui montre qu'ils ont été pondus dans des nids. Les squelettes étaient aussi regroupés par âge, ce qui signifie que les juvéniles et les adultes restaient ensemble dans des groupes distincts, comme les animaux de troupeaux modernes.

UNE DATATION INCERTAINE Le site de nidification en Argentine remonte à 193 millions d'années. Les scientifiques pensaient initialement que ce dinosaure avait vécu au Trias supérieur, il y a environ 221 à 205 millions d'années. Aujourd'hui, on estime qu'il vivait au début du Jurassique.

Selon les chercheurs, les premiers dinosaures, tels que Mussaurus, pondaient des œufs avec des coquilles molles, comme ceux des serpents. Avec le temps, la plupart des œufs de dinosaures sont devenus durs, comme ceux des oiseaux modernes.

MUSSAURUS

VIVAIT	220-190 millions d'années (Trias supérieur au Jurassique inférieur) ; Amérique du Sud (Argentine)
FAMILLE	Mussauridae
LONGUEUR	Jusqu'à 8 m
POIDS	Environ 1 000 kg
HABITAT	Écosystèmes forestiers chauds et humides avec des fougères, ginkgos et autres espèces végétales
RÉGIME	Herbivore : végétation basse et moyenne
INFOS CLÉS	Vie en troupeaux avérée ; les juvéniles se déplaçaient à quatre pattes, les adultes à deux ; œufs à coquille molle

UNE EXTINCTION DE MASSE

La période du Trias s'est terminée il y a environ 200 millions d'années de la même manière qu'elle avait commencé, c'est-à-dire avec une importante extinction de masse qui a éliminé jusqu'aux trois quarts de la vie sur Terre. Cet événement s'est déroulé sur plusieurs millions d'années et a été provoqué par de multiples facteurs, notamment une intense activité volcanique, le réchauffement climatique et la montée du niveau de la mer.

L'extinction à la fin du Trias est l'une des cinq grandes extinctions de masse de l'histoire de la Terre.

POSTOSUCHUS

LA DISPARITION DES ANCIENS PRÉDATEURS

Les prédateurs les plus importants ont disparu en nombre à la fin du Trias. Les redoutables carnivores, tels que *Postosuchus* et *Rutiodon*, n'étaient pas adaptés au nouvel environnement et ont rapidement été remplacés par un nombre de plus en plus diversifié de dinosaures.

RUTIODON

DES GAZ NOCIFS Nous ne savons toujours pas ce qui a causé l'extinction à la fin du Trias, mais il y avait alors une importante activité volcanique dans l'océan Atlantique. Elle aurait eu pour conséquence la diffusion d'énormes quantités de dioxyde de carbone et de dioxyde de soufre dans l'atmosphère.

DE NOUVELLES ESPÈCES La disparition de certaines créatures a permis à d'autres espèces de se développer. Les dinosaures ont été les gagnants de ce scénario : ils se sont progressivement répandus et diversifiés pour occuper et dominer tous les environnements terrestres, tandis que les ptérosaures contrôlaient le ciel et les reptiles marins régnaient dans les mers.

LES GÉANTS DU JURASSIQUE

L'ère des dinosaures a véritablement commencé au Jurassique. C'est l'époque des sauropodes géants, les plus grandes créatures ayant jamais vécu sur la Terre, et des carnivores qui les chassaient.

Le Jurassique a été nommé ainsi en référence aux montagnes du Jura, situées à la frontière entre la France et la Suisse. C'est là que de nombreuses roches de cette période ont été découvertes et étudiées pour la première fois.

Tous les dinosaures du Jurassique n'étaient pas des géants. Ces premiers théropodes étaient de la taille d'un guépard. Leur nom signifie « dragon voleur ».

LE PREMIER DINOSAURE DU JURASSIQUE

Un *Dracoraptor* adulte court aux côtés de plusieurs jeunes alors qu'ils cherchent de la nourriture le long du rivage. Leurs dents acérées sont parfaites pour saisir rapidement tout ce qu'ils peuvent trouver à manger. Il est plus simple de nourrir une famille avec les restes d'autres prédateurs, mais les jeunes devront bientôt se débrouiller tout seuls.

UNE DÉCOUVERTE INCROYABLE *Dracoraptor* a été mis au jour au Pays de Galles en 2014. Il s'agit du plus ancien spécimen connu d'un dinosaure du Jurassique au Royaume-Uni, et peut-être même dans le monde. Ce théropode était un prédateur rapide qui marchait sur deux pattes. C'est un ancêtre de dinosaures beaucoup plus grands, comme *T-rex*.

UNE DÉCOUVERTE PARTIELLE Environ 40 % du squelette a été trouvé, dissimulé dans des roches marines. Il s'est probablement noyé et son corps a été emporté par les courants puis a été dispersé par les poissons qui ont grignoté sa carcasse.

DES RESTE D'UN JUVÉNILE Les os fossilisés n'étaient pas entièrement formés et appartenaient probablement à un jeune *Dracoraptor*. Vu sa taille, les scientifiques estiment qu'un adulte mesurait environ 3 m.

LES COÉLOPHYSIDÉS *Dracoraptor* et *Coelophysis* avaient un comportement similaire.

ATTENTION ! Bien qu'ils soient agiles et réactifs, ils n'étaient pas toujours assez rapides pour échapper à leurs prédateurs !

UN RAPIDE FESTIN Ils dévoraient vite leurs proies et partaient avant l'arrivée de prédateurs et charognards plus forts qu'eux.

DRACORAPTOR

VIVAIT	200 millions d'années (Jurassique inférieur) ; Pays de Galles
SUPERFAMILLE	Coelophysoidea
LONGUEUR	Jusqu'à 3 m
HAUTEUR	Jusqu'à 1 m
POIDS	Environ 30 kg
RÉGIME	Carnivore : gros insectes, lézards et autres petits animaux
INFOS CLÉS	Petit corps élancé avec une longue queue ; se déplaçait sur deux pattes

DANGER !

À l'affût, ce couple de prédateurs cherche son prochain repas. Dotés de longues queues et de nombreuses dents, ils font au moins deux fois la taille d'un grizzly… ils sont vraiment effrayants ! En plus, lorsqu'ils repèrent une proie, ils lui sautent dessus à une vitesse incroyable !

UN GRAND PRÉDATEUR *Dilophosaurus* a été l'un des plus grands carnivores du Jurassique inférieur en Amérique du Nord. Il était probablement un descendant des premiers dinosaures qui ont vécu en Amérique du Sud pendant le Trias. Seul, il chassait probablement des dinosaures et reptiles plus petits que lui et a peut-être mangé des poissons. En groupe, il a pu s'attaquer à de grands dinosaures sauropodes.

RIEN À VOIR AVEC LE FILM La vie de *Dilophosaurus* était assez différente de la version présentée dans le film *Jurassic Park*. Il était beaucoup plus grand, sans collerette autour du cou, et il ne crachait pas de venin.

TOUT EN LÉGÈRETÉ Certains os de *Dilophosaurus* étaient constellés de poches d'air. Ces poches, qui renforçaient la solidité du squelette, permettaient d'alléger le poids de ce dinosaure massif.

DILOPHOSAURUS

VIVAIT	193-183 millions d'années (Jurassique inférieur) ; Amérique du Nord
FAMILLE	Dilophosauridae
LONGUEUR	6 à 9 m
POIDS	Jusqu'à 700 kg
HABITAT	Environnements secs et arides avec des tempêtes de sable et des périodes de sécheresse saisonnières
RÉGIME	Carnivore : reptiles, dinosaures et poissons
INFOS CLÉS	Double crête sur la tête ; chasseur rapide et puissant, petits bras

UN SACRÉ CRÂNE ! *Dilophosaurus* signifie « lézard à deux crêtes ». Il possède en effet deux crêtes osseuses qui s'étendent, sur le crâne, des narines jusqu'à l'arrière des yeux. Ces crêtes étaient très probablement recouvertes de kératine, le même matériau qui constitue les ongles.

Ses crêtes, constituées d'os, faisaient partie du crâne.

La double crête était probablement très colorée. Un mâle avec une belle crête colorée pouvait être plus attirant pour les femelles pendant la période de reproduction.

Comparé au T-rex *et aux autres grands chasseurs ultérieurs,* Dilophosaurus *était un prédateur de taille moyenne.*

UN PÊCHEUR AÉRIEN

Volant au-dessus de la mer à la recherche de poissons, ce ptérosaure peut les repérer à la surface de l'eau. Lorsqu'il distingue une proie, ses étonnantes dents agissent comme une nasse et lui permettent de l'attraper rapidement.

DEUX FAMILLES La famille des Rhamporhynchidae se compose de deux sous-familles. L'une se caractérise par des individus aux museaux larges et aux dents courtes. L'autre est constituée d'espèces ayant des dents plus longues et des museaux pointus. *Dorygnathus* appartient au deuxième groupe.

DORYGNATHUS

VIVAIT	190-182 millions d'années (Jurassique inférieur) ; Europe (France, Allemagne)
FAMILLE	Rhamphorhynchidae
ENVERGURE	Jusqu'à 1,50 m
HABITAT	Falaises et littoraux en Europe
RÉGIME	Carnivore : poissons et autres créatures marines
INFOS CLÉS	Dents proéminentes et longue mâchoire ; ailes courtes ; queue avec une nageoire en forme de losange à l'extrémité

Les ptérosaures sont devenus des animaux volants plus gros et plus efficaces avec le temps.

DES DENTS ÉVASÉES *Dorygnathus* avait de longues dents recourbées à l'extrémité de sa mâchoire qu'il utilisait pour attraper des poissons. Des dents plus courtes, idéales pour saisir des proies glissantes, se trouvaient plus en arrière dans sa mâchoire. L'observation de l'usure de l'émail dentaire d'un spécimen permet de penser que *Dorygnathus* mangeait également des proies à coquille dure, comme les mollusques et les crustacés.

À NE PAS PERDRE DE VUE !
Ces trois *Dorygnathus* planent au-dessus d'un groupe de dinosaures stégosauridés au long cou appelés *Miragaia*. Étant donné que les *Miragaia* étaient des herbivores stricts, les ptérosaures ne cherchaient pas à leur voler leur proie. En fait, ils suivaient les grands dinosaures car lorsque ces derniers marchaient dans l'eau peu profonde, ils faisaient remonter de gros poissons appétissants à la surface !

LA VOIE EST LIBRE !

Scelidosaurus a beau avoir une solide carapace, il s'en remet toujours à sa vue perçante pour repérer d'éventuels dangers avant de quitter la forêt et de se diriger vers une plage exposée à la vue de tous. S'il n'y a pas de danger, il invite le reste du troupeau à le suivre.

UN CORPS PROTÉGÉ Son dos, ses épaules, ses flancs et sa queue étaient recouverts de plaques osseuses intégrées dans sa peau. On les appelle des ostéodermes.

LES AMMONITES Leurs fossiles fréquemment retrouvés permettent de bien les connaître. Leur coquille protectrice renfermait plusieurs chambres. La créature vivait dans une chambre et en construisait de nouvelles pour grandir.

Les ammonites sont des céphalopodes (apparentés aux calmars et aux pieuvres) et ont disparu à la fin du Crétacé.

Scelidosaurus

VIVAIT	201-194 millions d'années (Jurassique inférieur) ; Angleterre
FAMILLE	Scelidosauridae
LONGUEUR	4 m
POIDS	Environ 270 kg
HABITAT	Forêts près des mers tropicales chaudes
RÉGIME	Herbivore : végétation basse
INFOS CLÉS	Couvert d'une armure composée de plaques osseuses ; ancêtre d'*Ankylosaurus*

Scelidosaurus *vivait sur terre, mais la plupart des restes ont été trouvés dans des dépôts marins. Cela suggère qu'ils vivaient près de la côte et que leurs carcasses étaient emportées par la mer lorsqu'ils mouraient.*

UN ANCÊTRE PRIMITIF
Les premiers restes de *Scelidosaurus* ont été découverts en 1858, mais ils sont restés non étudiés pendant plus de 100 ans. Nous savons maintenant que ce dinosaure était un ancêtre primitif d'*Ankylosaurus*.

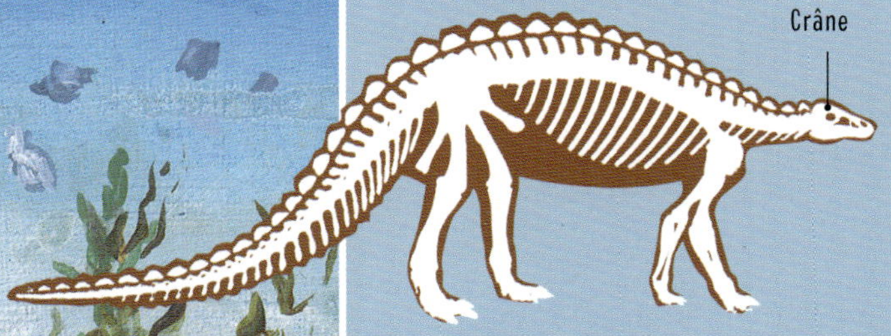

SON SQUELETTE *Scelidosaurus* présentait un crâne long et triangulaire. Grâce à son bec, il pouvait déchirer les feuilles et ses petites dents servaient à écraser les plantes. Fait unique, les os de sa queue étaient reliés entre eux par une articulation en forme de boule : sa queue était donc très mobile, ce qui lui permettait de se déplacer avec aisance.

TEMNODONTOSAURUS

VIVAIT	200-170 millions d'années (Jurassique inférieur) ; Europe occidentale (Angleterre, France, Luxembourg, Allemagne, Belgique), Chili
FAMILLE	Temnodontosauridae
LONGUEUR	Jusqu'à 12 m
POIDS	Jusqu'à 7 200 kg
HABITAT	En pleine mer, loin du rivage
RÉGIME	Carnivore : poissons, plésiosaures, ichthyosaures et céphalopodes
INFOS CLÉS	Un des plus grands ichthyosaures ; yeux incroyablement grands

DES YEUX IMMENSES D'un diamètre d'environ 38 cm, les yeux de *Temnodontosaurus* sont parmi les plus grands jamais découverts dans le règne animal. Ces créatures étaient en plus dotées d'une vue perçante, faisant d'eux de redoutables prédateurs.

DANS LES MERS DU JURASSIQUE

Ce banc de poissons est menacé par des prédateurs géants. En pleine mer, il n'y a ni roches ni fissures pour se cacher, alors les poissons tentent de se protéger en restant ensemble. La plupart vont s'en sortir, mais les autres seront engloutis par ces reptiles marins.

DES REPTILES MARINS *Temnodontosaurus* et *Rhomaleosaurus*, que l'on voit ici, sont des carnivores marins, mais de groupes différents. *Rhomaleosaurus* est un plésiosaure : il présente un long cou et une queue plate. Quant à *Temnodontosaurus*, il s'agit d'un ichthyosaure ; il possède un museau pointu et un corps en forme de dauphin.

DES CHASSEURS AFFAMÉS *Rhomaleosaurus* était un redoutable prédateur de grande taille. Il chassait activement de petites proies comme des poissons, mais aussi des plus grandes comme d'autres plésiosaures et des ichthyosaures. Tout aussi dangereux, *Temnodontosaurus* avait le même régime alimentaire mais il était encore plus grand !

UN ODORAT DÉVELOPPÉ *Rhomaleosaurus* pouvait détecter de nombreuses odeurs dans l'eau, dont celle du sang. Il disposait aussi d'une très bonne vue, ce qui faisait de lui un chasseur aux sens affûtés.

RHOMALEOSAURUS

VIVAIT	208-175 millions d'années (Trias supérieur au Jurassique inférieur) ; Europe (Angleterre et Allemagne)
FAMILLE	Rhomaleosauridae
LONGUEUR	Jusqu'à 7 m
POIDS	Plus de 2 000 kg
HABITAT	Mers autour de l'Europe
RÉGIME	Carnivore : ammonites, ichthyosaures et autres plésiosaures
INFOS CLÉS	Grand plésiosaure ; quatre grandes nageoires pour se propulser et se diriger dans l'eau ; odorat et vue performants

Cryolophosaurus a été surnommé « Elvisaurus » en raison de sa crête qui ressemble un peu à la coiffure de la légende du rock Elvis Presley.

LA TERREUR DE L'ANTARCTIQUE

Tandis que ce *Cryolophosaurus* émet un rugissement strident, un volcan entre subitement en éruption derrière lui. Mais cela ne va pas le distraire bien longtemps. En effet, c'est l'heure de manger et il s'apprête à partir à la chasse ! *Cryolophosaurus* utilise ses sens aiguisés et ses membres puissants pour trouver et attraper sa proie.

UNE CRÊTE SUR LA TÊTE *Cryolophosaurus* présentait une crête sur le dessus du crâne. Elle était probablement très colorée et utilisée pour attirer les femelles pendant la saison de reproduction.

UN PAYSAGE DIFFÉRENT
Au Jurassique, l'Antarctique était recouvert non pas de glace comme aujourd'hui mais de forêts verdoyantes. En effet, des troncs d'arbres fossilisés ont été découverts à côté de restes de *Cryolophosaurus*.

CRYOLOPHOSAURUS

VIVAIT	199-170 millions d'années (Jurassique inférieur) ; Antarctique
CLADE	Néothéropode
LONGUEUR	6 à 8 m
POIDS	Jusqu'à 500 kg
HABITAT	Forêts tempérées de l'Antarctique
RÉGIME	Carnivore : autres dinosaures et ptérosaures
INFOS CLÉS	Un des premiers dinosaures carnivores ; crête recourbée sur la tête

UN CHASSEUR REDOUTABLE
Cryolophosaurus a été l'un des premiers grands théropodes. Il avait de longues pattes fines, des mains dotées de griffes et des dents acérées. Celles-ci présentaient des bords râpeux, permettant de déchirer la peau et la chair des proies.

PLANER *Anchiornis* avait quatre ailes ornées de longues plumes, deux sur les pattes avant et deux sur les pattes arrière. Il avait aussi de longues plumes de chaque côté de la queue. Ces plumes étaient peut-être utilisées comme parachute quand *Anchiornis* planait d'un arbre à l'autre.

DES DINOSAURES RESSEMBLANT À DES OISEAUX

Anchiornis, immobile sur une branche, observe une libellule en vol. Lorsque l'insecte est à sa portée, il plonge sur lui, bec grand ouvert, et l'avale d'un coup ! De la taille d'un corbeau, il ressemble à un oiseau, bien qu'il ait tendance à planer plutôt qu'à voler.

DE NOMBREUSES DÉCOUVERTES Nous en savons plus sur *Anchiornis* que sur d'autres espèces du Jurassique grâce aux nombreux fossiles trouvés. Depuis le premier spécimen découvert en 2009, plus de 200 nouveaux fossiles ont été mis au jour.

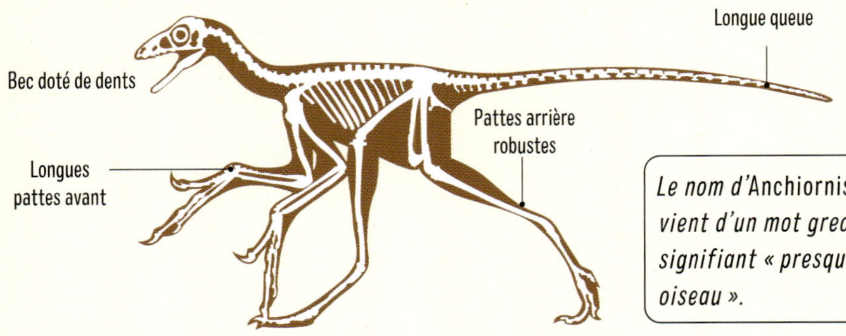

*Le nom d'*Anchiornis *vient d'un mot grec signifiant « presque oiseau ».*

UN THÉROPODE DE TYPE OISEAU C'était un petit théropode avec de longues pattes arrière et une longue queue. Ses très longues pattes avant se terminaient par trois doigts écailleux munis de griffes. Ses pattes arrière indiquent qu'il était un robuste coureur, aussi à l'aise au sol que dans les arbres. C'est l'un des premiers dinosaures planeurs connus.

Anchiornis

VIVAIT	168-151 millions d'années (Jurassique supérieur) ; Chine
FAMILLE	Anchiornithidae
LONGUEUR	Jusqu'à 40 cm
ENVERGURE	Jusqu'à 50 cm
HABITAT	Forêts de conifères tropicales
RÉGIME	Carnivore : insectes, poissons, lézards et autres petites créatures
INFOS CLÉS	Un des premiers dinosaures planeurs connus ; semblable à un oiseau, recouvert de plumes

SES COULEURS On sait de quelle couleur était *Anchiornis* grâce aux mélanosomes retrouvés dans les plumes de ses fossiles. L'étude de ces cellules contenant des pigments et leur comparaison avec celles des oiseaux modernes ont permis de déterminer que son plumage était noir et gris, parsemé de blanc, et que sa tête était rehaussée d'une crête rousse.

PETITS ET HÉRISSÉS

Poursuivis par un prédateur, ces deux petits dinosaures dotés de protoplumes hérissées sur le dos surgissent de la végétation. L'un prend la fuite en regardant droit devant, l'autre jette un œil derrière lui pour vérifier à quelle distance se trouve leur ennemi.

DEUX TYPES DE DENTS
Ces dinosaures font partie des hétérodontosauridés, qui se caractérisent par deux types de dents : celles à l'arrière, destinées à la mastication, et celles de devant, plus longues, avec de petites défenses. Cela indique qu'ils pouvaient manger des plantes et de la viande.

TIANYULONG

VIVAIT	168-151 millions d'années (Jurassique supérieur) ; Chine, Mongolie
FAMILLE	Heterodontosauridae
LONGUEUR	Jusqu'à 1,20 m
POIDS	Environ 5 kg
HABITAT	Forêts, souvent près de l'eau
RÉGIME	Herbivore ou omnivore : plantes et probablement animaux
INFOS CLÉS	Protoplumes même s'ils ne sont pas des théropodes ; deux types de dents

UNE DÉCOUVERTE IMPORTANTE La découverte des premiers fossiles de *Tianyulong* en 2009 a eu un fort retentissement dans la communauté scientifique, remettant en cause certaines de nos connaissances. Jusque-là, on estimait que seuls les théropodes pouvaient avoir des protoplumes. Or, *Tianyulong* était un ornithischien, pas un théropode. Cette découverte permet donc de penser que de nombreux dinosaures avaient des plumes.

Pour le décrire, ce dinosaure si particulier a été comparé à un perroquet poilu ou à un chat à plumes !

ZOOM

Tianyulong possédait une rangée de protoplumes d'environ 6 cm de haut le long du cou et du dos. Il courait sur ses pattes arrière, dotées de trois orteils griffus. Ses mains comportaient trois longs doigts et deux presque invisibles.

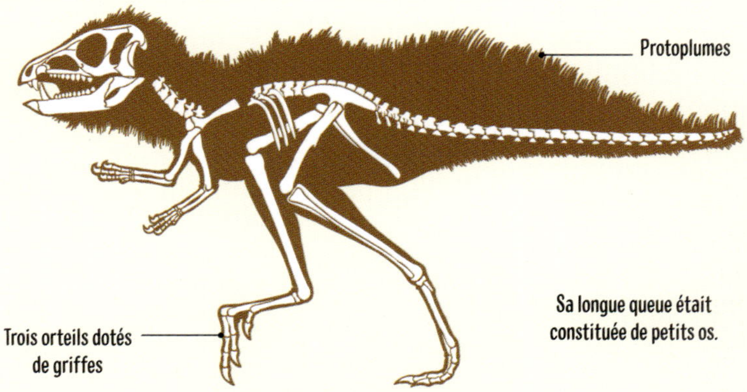

DES DINOSAURES DUVETEUX

Deux petits dinosaures se fraient un chemin à travers la végétation d'une zone humide correspondant à la Sibérie. Ces créatures vivent plus au nord que la plupart des autres dinosaures. Le climat est beaucoup plus froid ici, mais ces petits dinosaures à sang chaud sont protégés du froid grâce à leurs plumes épaisses et duveteuses.

Divers restes de squelettes montrent que les pieds de Kulindadromeus *possédaient trois griffes et qu'il marchait très probablement sur ses orteils.*

DE RICHES DÉCOUVERTES
Une grande partie des fossiles de *Kulindadromeus* trouvés sont très bien conservés. Il avait un petit museau et des dents pointues pour manger des plantes. Ses bras étaient courts, mais ses longues jambes lui permettaient de courir vite. Sa queue était longue et écailleuse.

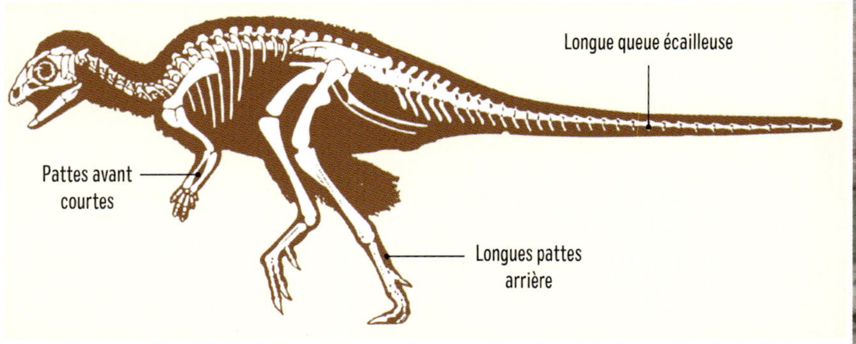

POURQUOI EST-IL SI SPÉCIAL ? Le premier fossile de *Kulindadromeus* a été découvert en 2010, juste un an après celui de *Tianyulong* (voir pages 66-67). Ce dinosaure était aussi un ornithischien, pas un théropode, et pourtant il possédait bien des traces de protoplumes. Cette découverte, qui appuie les résultats de la précédente, confirme que de nombreux dinosaures avaient des plumes.

RESTER AU CHAUD Les scientifiques pensent que les premiers dinosaures ont développé des plumes d'abord pour se protéger du froid et arborer de belles couleurs (utiles en période de reproduction) plutôt que pour voler. *Kulindadromeus* présentait différents types de protoplumes : un fin duvet sur le tronc et des filaments plus longs sur le haut des pattes avant et arrière.

KULINDADROMEUS

VIVAIT	160 millions d'années (Jurassique moyen) ; Russie	HABITAT	À proximité d'étendues d'eau douce et de volcans actifs ; climat frais et tempéré
CLADE	Neornithischia	RÉGIME	Herbivore : prêles et mousses
LONGUEUR	1 à 1,50 m	INFOS CLÉS	Un des premiers dinosaures non-théropodes doté de protoplumes ; a vécu plus au nord que la plupart des autres dinosaures
POIDS	2 kg		

COINCÉ DANS LA BOUE

Il n'est pas facile de se déplacer quand on pèse aussi lourd que trois grands éléphants ! Habituellement, l'imposante taille de *Diplodocus* est sa meilleure arme de défense contre les prédateurs. Mais ici, face à ce groupe d'*Allosaurus*, ce *Diplodocus* est en position de faiblesse, les pattes coincées dans la boue. Alors que les prédateurs se rapprochent, ses chances de leur échapper sont bien minces.

DIPLODOCUS

VIVAIT	155-145 millions d'années (Jurassique supérieur) ; Amérique du Nord
FAMILLE	Diplodocidae
LONGUEUR	25 m
POIDS	15 000 kg
HABITAT	Plaines semi-arides et boisées
RÉGIME	Herbivore : toutes sortes de plantes
INFOS CLÉS	Long cou, longue queue, petite tête

UN CORPS MASSIF… DE GROS PROBLÈMES La taille et le poids des sauropodes rendaient difficile le bon fonctionnement de leur corps. Porter un tel poids était le problème le plus évident, mais il était aussi compliqué de trouver assez de nourriture pour alimenter une telle masse. Enfin, le cœur travaillait beaucoup pour que le sang circule dans tout le corps.

Une crête d'épines courait le long de son cou et de son dos. Elles étaient constituées de kératine (comme nos ongles) et pouvaient mesurer jusqu'à 45 cm de haut.

DES PATTES ET DES PIEDS COSTAUDS Un dinosaure de cette taille avait besoin de pieds larges et plats pour bien répartir son poids. Chaque pied comptait cinq orteils. Le pied antérieur possédait une seule grande griffe, tandis que le pied postérieur en avait deux.

Pied antérieur

Pied postérieur

DES PATTES SOLIDES Les sauropodes géants comme *Diplodocus* avaient quatre robustes pattes permettant de soutenir leur corps massif. Elles étaient fortes et solides, comme des colonnes en pierre.

DES BÉBÉS DINOS, MIAM !

Deux *Elaphrosaurus* tentent de s'approcher furtivement d'un groupe de jeunes *Apatosaurus.* Mais l'un de ces derniers, en alerte, avertit ses frères et sœurs du danger imminent. Vite, ils se réfugient auprès de leur mère !

UNE TAILLE IMPOSANTE
Apatosaurus était si grand qu'au début les scientifiques ont pensé qu'il devait vivre dans la mer où l'eau l'aidait à supporter son poids si important. Cependant, l'étude de ses os et de son cœur a montré que ce dinosaure pouvait supporter son propre poids et qu'il a très probablement vécu la majeure partie de sa vie sur terre.

Les jeunes Apatosaurus *grandissaient rapidement au cours des premières années. Ils atteignaient leur taille définitive vers l'âge de 10 ans.*

DES RESTES ÉPARS Il existe relativement peu de fossiles d'*Elaphrosaurus* et les meilleurs exemples ont été trouvés en Tanzanie (Afrique). Cependant, des restes de dinosaures similaires ont été découverts dans d'autres parties de l'Afrique, aux États-Unis et en Australie.

PAS DE CRÂNE On n'a pas encore retrouvé de crâne d'*Elaphrosaurus.* La morphologie de ses pattes arrière indique qu'il devait être un prédateur svelte qui courait assez vite, mais certaines études plus récentes suggèrent qu'il aurait pu être omnivore, voire herbivore.

ELAPHROSAURUS

VIVAIT	157-94 millions d'années (Jurassique supérieur au Crétacé inférieur) ; Afrique (Tanzanie), Amérique du Nord, Australie
FAMILLE	Noasauridae
LONGUEUR	Jusqu'à 6 m
POIDS	Environ 200 kg
HABITAT	Plaines, bois, rives de lacs
RÉGIME	Carnivore, omnivore ou herbivore
INFOS CLÉS	Long et mince, avec un long cou et des pattes relativement courtes

UNE FAIBLE CHANCE DE SURVIE
La nature était tout aussi impitoyable au Jurassique qu'elle ne l'est aujourd'hui. La plupart des œufs pondus par une femelle sauropode (une douzaine en général) étaient dévorés par des prédateurs avant l'éclosion. Les nouveau-nés étaient également une proie facile pour divers prédateurs.

APATOSAURUS

VIVAIT	161-145 millions d'années (Jurassique supérieur) ; Amérique du Nord	HABITAT	Terres semi-arides avec plaines inondables, rivières et forêts
FAMILLE	Diplodocidae	RÉGIME	Herbivore : toutes sortes de plantes, y compris feuilles et fougères
LONGUEUR	21 m	INFOS CLÉS	Un des plus grands animaux terrestres ayant jamais existé
POIDS	24 000 kg		

UN COMBAT IMMINENT...

Trois petits *Compsognathus* gigotent sur une colline surplombant leur territoire. Sous l'effet de la colère, ils secouent leur queue et poussent des cris perçants. Au loin, ils peuvent voir deux grands *Ceratosaurus* se diriger dans leur direction. Vont-ils fuir ou rester pour combattre ?

Compsognathus avait de très grands yeux et une excellente vue.

PLUMES OU PAS PLUMES ? Nous ignorons si ces petits théropodes avaient des plumes. Comme des espèces proches, tel *Sinosauropteryx*, présentaient des structures cutanées ressemblant à des plumes, il est possible que *Compsognathus* en ait aussi eues.

Compsognathus avait à peu près la taille d'un poulet.

UN BON COUREUR *Compsognathus* était certes petit, mais il avait une longue queue qui l'aidait à garder l'équilibre lorsqu'il courait. En outre, il disposait de longues pattes robustes. Bref, il était rapide à la course !

COMPSOGNATHUS

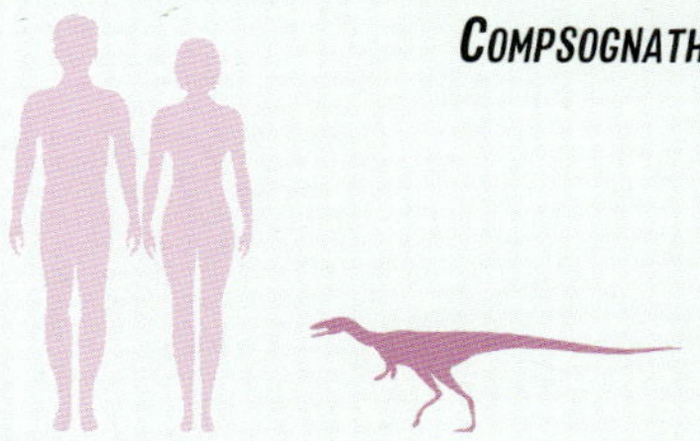

VIVAIT	157-145 millions d'années (Jurassique supérieur) ; Europe (France, Allemagne)
FAMILLE	Compsognathidae
LONGUEUR	60 à 90 cm
HAUTEUR	Environ 30 cm
POIDS	5 à 6 kg
HABITAT	Terres côtières, îles et lagunes
RÉGIME	Carnivore : lézards, petits mammifères, bébés dinosaures et insectes
INFOS CLÉS	Petit, léger et coureur rapide ; petites pattes antérieures

PAS LE PLUS PETIT Pendant longtemps, les chercheurs ont cru que *Compsognathus* était le plus petit des dinosaures. Aujourd'hui, on sait qu'il existait des dinosaures beaucoup plus petits : certains étaient aussi petits qu'un colibri !

UNE VIE EN GROUPE On a l'habitude de montrer les *Compsognathus* en groupe, vivant ensemble, chassant ensemble, mais nous n'avons pas d'éléments tangibles pour le prouver.

DES GÉANTS AU LONG COU

Mamenchisaurus est un géant paisible, mais sa grande taille ne signifie pas qu'il est à l'abri des attaques. Son long cou et sa démarche lourde en font une cible pour certains prédateurs, tel *Yangchuanosaurus*. Bien que ces derniers soient beaucoup plus petits que le sauropode, ensemble ils peuvent l'affaiblir suffisamment pour le terrasser.

Carnivore, Yangchuanosaurus *était un féroce prédateur qui vivait dans la Chine actuelle. Proche d'*Allosaurus *(voir pages 70 et 78), il lui ressemblait par la taille, l'apparence et le comportement.*

LES AVANTAGES D'UN LONG COU Grâce à son long cou, *Mamenchisaurus* pouvait brouter les cimes des arbres que les autres dinosaures ne pouvaient pas atteindre. Il pouvait rester immobile en balançant sa tête pour manger la végétation environnante, économisant de l'énergie tout en absorbant des tonnes de nourriture. Son long cou était aussi utile pour éliminer un excès de chaleur corporelle.

YANGCHUANOSAURUS avait une grosse tête, des dents acérées et de petits bras. Il chassait des sauropodes, tels que *Mamenchisaurus*, et des stégosaures, comme *Tuojiangosaurus*.

DÉTENTEUR D'UN RECORD
Parmi tous les dinosaures connus, c'est *Mamenchisaurus* qui avait le plus long cou. Aussi long que son corps et sa queue réunis, il était composé de vertèbres légères et creuses, bien plus que d'ordinaire : 19 au lieu de neuf ou dix.

PLUSIEURS ESPÈCES Plusieurs squelettes différents de *Mamenchisaurus* ont été découverts, dont un presque complet. On dénombre actuellement sept espèces différentes, toutes avec des corps énormes et des cous très longs. Tous les fossiles ont été trouvés en Chine.

MAMENCHISAURUS

VIVAIT	160-145 millions d'années (Jurassique supérieur) ; Chine
FAMILLE	Mamenchisauridae
LONGUEUR	22 à 35 m
POIDS	27 000 kg
HABITAT	Forêts et plaines inondables
RÉGIME	Herbivore : plantes, surtout feuilles à la cime des arbres
INFOS CLÉS	Très petite tête sur un cou extrêmement long ; longue queue

INCLINÉ VERS L'AVANT *Stegosaurus* se déplaçait à quatre pattes. Mais comme ses membres postérieurs étaient beaucoup plus longs que ses membres antérieurs, il marchait penché en avant et était plutôt lent et maladroit. Il descendait de dinosaures qui marchaient sur leurs pattes arrière.

DES PLAQUES OSSEUSES Plus d'une douzaine d'espèces de stégosaures vivaient principalement dans l'hémisphère nord pendant le Jurassique et le début du Crétacé. Toutes ces espèces possédaient des rangées de plaques osseuses le long du dos. *Stegosaurus* était l'une des plus grandes espèces au sein de cette famille : de la tête à la queue, il couvrait presque la moitié d'un court de tennis !

SEUL POUR SE DÉFENDRE

Abandonné par son groupe, ce vieux *Stegosaurus* ne peut compter que sur sa puissante queue épineuse pour se défendre : s'il parvient à frapper suffisamment fort cet *Allosaurus*, il aura une chance de s'en sortir. Victoire, *Allosaurus* se retire ! Mais les choses ne se passent pas toujours aussi bien…

« Thagomizer » est le nom donné à un ensemble de pointes situées à l'extrémité de la queue (ici quatre) des stégosauriens. Chaque pointe pouvait être aussi longue qu'une raquette de tennis (soit environ 60 cm).

UN CERVEAU MINUSCULE Bien qu'énorme, *Stegosaurus* avait un cerveau aussi petit qu'une noix.

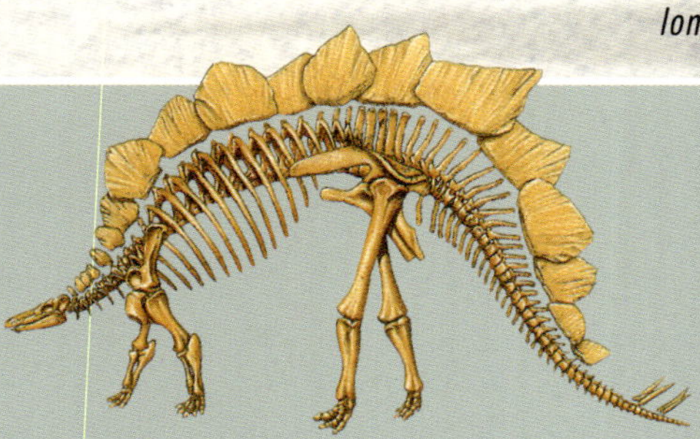

QUELLE ARME ! Ses plaques dorsales pouvaient dissuader un prédateur de l'approcher, mais sa queue épineuse était sa véritable arme de défense. On a ainsi découvert des fossiles d'*Allosaurus* avec des trous causés par ces épines.

Les plaques le long du dos du stégosaure étaient constituées d'os mais n'étaient pas reliées à la colonne vertébrale.

Stegosaurus

VIVAIT	156-145 millions d'années (Jurassique supérieur) ; Amérique du Nord, Portugal
FAMILLE	Stegosaurinae
LONGUEUR	Jusqu'à 10 m
POIDS	Environ 1 600 kg
HABITAT	Forêts ouvertes et plaines inondables semi-arides
RÉGIME	Herbivore : mousses, fougères, prêles, cycas et conifères
INFOS CLÉS	Corps volumineux ; quadrupède ; plaques osseuses, queue à épines

DES CHASSEURS RÉACTIFS

Il faut de bons réflexes et être vif comme l'éclair pour capturer des insectes volants, mais ce n'est pas un problème pour ces jeunes *Ornitholestes*. Leur excellente vue leur permet de traquer ces libellules géantes et de les attraper dans les airs pour les déguster.

DES MAINS GRIFFUES *Ornitholestes* avait de longs bras avec des doigts griffus à l'extrémité de ses mains. Comme sa bouche était assez petite, il attrapait probablement ses proies à l'aide de ses deux mains puis leur infligeait une morsure mortelle.

Ornitholestes *utilisait ses longues mains griffues pour capturer ses proies.*

PEU DE RESTES La plupart de ce que nous savons sur *Ornitholestes* provient d'un squelette partiel, découvert dans la formation de Morrison aux États-Unis. Cette formation rocheuse est célèbre pour les nombreux fossiles de dinosaures qui y ont été trouvés (voir pages 88-89).

CRÊTE OU PAS CRÊTE ? En général, *Ornitholestes* est représenté avec une petite crête sur le museau. Cependant, le peu de fossiles retrouvés ne permet pas de prouver qu'une telle crête ait bien existé : il est en effet possible qu'elle se soit formée avec le déplacement d'un morceau de crâne lors du processus de fossilisation.

UN PRÉDATEUR AGILE

Ornitholestes signifie « voleur d'oiseaux ». En effet, ces prédateurs de la taille d'un renard ont peut-être chassé des oiseaux tout comme des lézards, des grenouilles, des mammifères primitifs et des dinosaures nouveau-nés. Des meutes d'*Ornitholestes* ont aussi pu chasser des proies plus grosses.

ORNITHOLESTES

VIVAIT	155-145 millions d'années (Jurassique supérieur) ; États-Unis
FAMILLE	Coeluridae (débattu)
LONGUEUR	Environ 2 m
POIDS	Environ 12 à 15 kg
HABITAT	Forêts de l'ouest de l'Amérique du Nord
RÉGIME	Carnivore : insectes, lézards, grenouilles, mammifères primitifs et autres petits dinosaures
INFOS CLÉS	Taille d'un renard, pattes et bras fins ; marchait sur les pattes arrière

UN RASSEMBLEMENT FAMILIAL

Contrairement au Stegosaurus, Brachiosaurus *avait des membres antérieurs plus longs que les membres postérieurs. Cela aidait à soulever l'avant de son corps pour se nourrir dans les cimes des arbres.*

Un *Brachiosaurus* adulte bat du pied pour avertir et protéger ses petits en train de boire au bord de la rivière. La plupart des animaux savent qu'il vaut mieux rester à distance d'un *Brachiosaurus* adulte : ces animaux sont bien trop costauds pour être attaqués. Mais un monstre, semblable à un crocodile, rôde dans les eaux peu profondes de la rivière. Va-t-il prendre le risque d'attaquer ces bébés *Brachiosaurus* ?

LES PREMIERS CROCODILES Les ancêtres de nos crocodiles ont vécu il y a environ 200 millions d'années, au début du Jurassique. Il en existait de nombreux types différents : certains étaient des mangeurs de viande qui vivaient principalement dans l'eau comme les espèces modernes ; d'autres vivaient sur terre, et certains étaient herbivores.

DE HAUTES BRANCHES Le cou de *Brachiosaurus* représentait à peu près la moitié de sa hauteur totale. Les os de son cou étaient trente fois plus longs que ceux d'un être humain, mesurant jusqu'à 1 m chacun. Il pouvait grignoter des feuilles situées à la hauteur d'un immeuble de quatre étages. Ces énormes dinosaures mangeaient environ 200 kg de végétation chaque jour.

Brachiosaurus était l'un des plus grands dinosaures : il était environ deux fois et demie plus grand qu'une girafe.

BRACHIOSAURUS			
VIVAIT	155-140 millions d'années (Jurassique supérieur) ; Amérique du Nord, Portugal, Tanzanie, Algérie	HAUTEUR	Jusqu'à 15 m
FAMILLE	Brachiosauridae	HABITAT	Régions semi-arides, avec des extrêmes entre les saisons humides et sèches
LONGUEUR	Jusqu'à 30 m	RÉGIME	Herbivore : fougères, ginkgos et conifères
POIDS	Jusqu'à 45 000 kg	INFOS CLÉS	Un des plus grands dinosaures ; cou très long et robuste ; petite tête

ATTENTION !

Une mère *Iguanodon* est surprise par l'apparition soudaine d'un féroce *Megalosaurus*. Elle ne craint pas pour sa vie. Son corps massif et ses griffes acérées à chaque pouce dissuadent les prédateurs, à part ceux qui sont plus grands qu'elle. Mais ses deux petits sont là et elle est bien décidée à les défendre face à ce *Megalosaurus*.

UN ENVIRONNEMENT PEU SÛR *Iguanodon* vivait dans des zones marécageuses pleines de sables mouvants et de reptiles prédateurs, y compris des crocodiles et des dinosaures carnivores. Les individus jeunes, vieux et malades étaient alors des proies faciles.

UNE DÉCOUVERTE PRÉCOCE *Iguanodon* fait partie des premiers dinosaures découverts grâce à Mary Mantell qui a mis au jour des dents d'*Iguanodon* en 1822. Il vivait sur un vaste territoire et de nombreux fossiles ont été découverts. C'est l'une des espèces les mieux connues.

DES MAINS GRIFFUES *Iguanodon* avait une griffe de 30 cm de long au bout de chaque pouce de la main. Elles ont peut-être été utilisées pour se défendre ou pour attraper plus facilement de la nourriture.

LES GRIFFES

Nous ne savons pas avec certitude à quoi servaient ces griffes situées au bout des pouces.

UN PAISIBLE HERBIVORE Herbivore, *Iguanodon* avait un crâne long et étroit avec un grand bec adapté pour couper les feuilles des arbres. Derrière son bec, se trouvaient au moins 100 dents qui étaient utilisées pour broyer les fibres végétales résistantes. *Iguanodon* a été l'une des premières espèces de dinosaures à avoir des dents servant à broyer la nourriture dans la bouche.

IGUANODON

VIVAIT	160-94 millions d'années (Jurassique supérieur au Crétacé inférieur) ; Europe, Amérique du Nord, Asie	POIDS	4 500 kg
FAMILLE	Iguanodontidae	HABITAT	Forêts, criques côtières, marécages, îles
LONGUEUR	9 à 11 m	RÉGIME	Herbivore : tous types de plantes
HAUTEUR	Jusqu'à 3 m	INFOS CLÉS	Corps massif ; vie en troupeaux ; un des premiers dinosaures découverts

UNE ÉVOLUTION EN COURS Le premier fossile complet d'*Archaeopteryx* a été découvert en 1861, deux ans après que Charles Darwin a publié son traité sur l'évolution, *De l'origine des espèces* (1859). Ce fossile, apparemment un dinosaure en train de se transformer en oiseau, illustrait les idées de Darwin sur la manière dont une espèce pouvait évoluer progressivement.

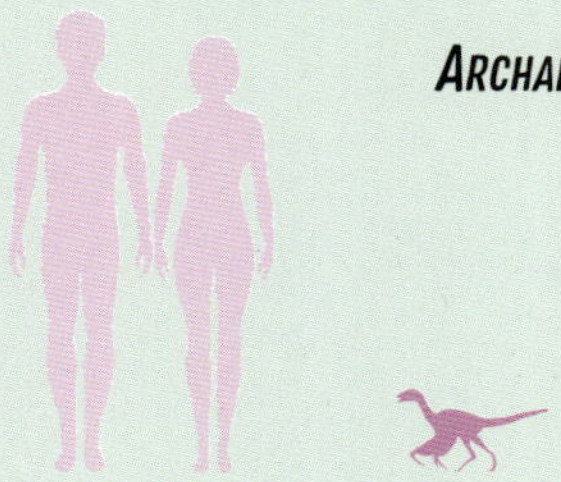

Archaeopteryx

VIVAIT	150-147 millions d'années (Jurassique supérieur) ; Europe (Allemagne)
FAMILLE	Archaeopterygidae
LONGUEUR	50 cm
POIDS	0,5 à 1 kg
HABITAT	Terres côtières, îles et lagunes
RÉGIME	Carnivore : insectes, petits mammifères et reptiles
INFOS CLÉS	Un fossile découvert essentiel, qui montre que les oiseaux sont les descendants des dinosaures

LE PREMIER OISEAU

Cet *Archaeopteryx*, perché sur les branches d'un petit arbre, est prêt à étendre ses ailes et à décoller. Il peut voler sur de courtes distances et planer facilement de branche en branche dans les forêts. De la taille d'une corneille, il ressemble beaucoup à un oiseau moderne, bien qu'il ait une bouche pleine de dents.

Archaeopteryx *était à peu près de la même taille qu'une pie. Il avait des plumes, des dents acérées et une longue queue osseuse.*

MOITIÉ OISEAU, MOITIÉ DINOSAURE
Les paléontologues conviennent aujourd'hui que les dinosaures sont les ancêtres des oiseaux modernes, mais l'idée a fait l'objet d'un vif débat pendant plus de 150 ans. Le débat a été déclenché par la découverte de plusieurs squelettes fossilisés bien conservés d'*Archaeopteryx*, une créature qui semblait être à moitié un oiseau, à moitié un dinosaure.

Squelette d'un dinosaure théropode

Squelette d'un oiseau moderne

Si on compare le squelette d'un oiseau moderne avec celui d'un dinosaure théropode, on peut voir à quel point ils sont similaires. Les dinosaures avaient de longues queues osseuses, que les oiseaux n'ont plus, mais tous deux marchent sur leurs pattes arrière, ont un cou flexible et de grands yeux. Ils partageaient encore bien d'autres similarités anatomiques complexes.

UNE DÉCOUVERTE REMARQUABLE *Archaeopteryx* a été trouvé dans une carrière de calcaire en Bavière (Allemagne). Sa découverte a amené les scientifiques à en déduire que certains dinosaures, en particulier les théropodes, partageaient de nombreuses caractéristiques avec les oiseaux modernes, notamment des os légers et creux, et des plumes sur le corps.

LA FORMATION DE MORRISON… Beaucoup des dinosaures les plus connus d'Amérique du Nord ont été découverts dans cette couche de roche. Elle s'est formée durant le Jurassique et s'étend sur une grande partie du centre des États-Unis, du nord du Montana à l'Arizona et au Nouveau-Mexique.

EN ROUTE VERS LE CRÉTACÉ

À la fin du Jurassique, le supercontinent appelé Pangée s'est divisé en deux masses terrestres plus petites appelées Laurasia (au nord) et Gondwana (au sud).

QUI Y VIVAIT ? La formation de Morrison abritait des sauropodes, tels que *Diplodocus*, *Barosaurus*, *Brontosaurus*, *Apatosaurus* et *Camarasaurus*. On y trouvait également de plus petits herbivores, tels que *Stegosaurus*, *Dryosaurus* et *Camptosaurus*. *Allosaurus* chassait ici, tout comme *Ceratosaurus* et *Dilophosaurus*.

Les changements climatiques ont conduit à la disparition de nombreux sauropodes et stégosaures du Jurassique. De nouvelles espèces, tels les cératopsidés, les spinosauridés et les coelurosaures, ont émergé et se sont alors développées. Au début du Crétacé, tout était en place pour permettre aux dinosaures de devenir les maîtres du monde !

L'ÂGE D'OR

Le Crétacé est véritablement l'âge d'or des dinosaures.
Durant cette période, ils ont dominé la Terre entière.

Deinonychus *signifie « terrible griffe », nom qui fait référence à ses grandes griffes en forme de faucille présentes sur le deuxième orteil de chaque pied. D'un seul coup de griffe,* Deinonychus *était capable de tuer une victime. Quand elles n'étaient pas utilisées, ces griffes étaient maintenues en l'air pour ne pas les abîmer ni gêner* Deinonychus *dans ses déplacements.*

DES CHASSEURS REDOUTABLES

Un groupe de *Deinonychus* fonce vers deux imposants ankylosaures. En temps normal, ces prédateurs de taille moyenne ne pourraient pas l'emporter sur de si grands herbivores. Mais ici, l'un des deux ankylosaures est vieux et malade, et ne pourra pas se défendre contre ces redoutables prédateurs. Les *Deinonychus* s'en sont bien rendu compte !

DES PRÉDATEURS CHASSANT ENSEMBLE
Deinonychus n'était pas un dinosaure particulièrement grand et les scientifiques pensent qu'ils pouvaient chasser en meute pour abattre des proies beaucoup plus grandes qu'eux.

UNE QUEUE RIGIDE Comme tous les dromaeosauridés, *Deinonychus* présentait une série de tendons osseux dans la queue la rendant assez rigide tout en restant flexible. Elle lui permettait de garder l'équilibre pendant la course et lui servait de gouvernail en cas de changements de direction.

JURASSIC PARK Les redoutables *Velociraptors* figurant dans les films de Steven Spielberg sont en réalité basés sur la taille, les proportions et la forme du museau de *Deinonychus*. Les *Velociraptors* étaient beaucoup plus petits que *Deinonychus* et vivaient en Asie et non en Amérique du Nord (voir pages 114-115).

UN DINOSAURE À PLUMES La forme du corps et les os du *Deinonychus* ressemblaient beaucoup à ceux des oiseaux modernes. Les scientifiques estiment que, comme de nombreux dromaeosauridés, *Deinonychus* était recouvert de plumes, bien qu'aucune preuve formelle n'ait été trouvée pour l'instant.

Deinonychus

VIVAIT	125-100 millions d'années (début du Crétacé) ; ouest de l'Amérique du Nord	HABITAT	Plaines inondables, à proximité de forêts où les dinosaures herbivores paissaient
FAMILLE	Dromaeosauridae	RÉGIME	Carnivore : autres dinosaures, petits mammifères
LONGUEUR	Jusqu'à 3,40 m	INFOS CLÉS	Agile, tenace ; griffes incurvées sur les pieds arrière
POIDS	Jusqu'à 100 kg		

LA VIE AU BORD D'UN LAC

Une famille de *Caudipteryx* passe la journée au bord d'un lac. Ils arrachent des plantes et les avalent sans les mâcher. *Caudipteryx* est rapide et peut donc aussi attraper des insectes, des petits poissons et des créatures aquatiques.

L'APPARENCE D'UN OISEAU *Caudipteryx* a été l'un des premiers dinosaures à plumes mis au jour. Sa découverte dans les années 1990 a donné lieu à un vif débat. Aujourd'hui, la plupart des chercheurs estiment qu'il s'agit d'un dinosaure, ce qui prouve que les dinosaures sont les ancêtres des oiseaux modernes.

UN ÉVENTAIL DE PLUMES AU BOUT DE LA QUEUE Sa queue, courte et rigide, présentait de longues plumes en éventail à son extrémité. Mais ses plumes n'étaient pas adaptées au vol. Elles étaient probablement utilisées pour attirer un partenaire et se réchauffer en cas de besoin.

UNE TÊTE D'OISEAU

Caudipteryx avait de grands yeux, une vue perçante, mais seulement quelques dents à l'avant de sa mâchoire supérieure. Son museau ressemblait beaucoup au bec d'un oiseau moderne. Comme il ne pouvait pas mâcher sa nourriture, il avalait de petites pierres (gastrolithes) qui lui permettaient de broyer la nourriture.

GRENOUILLES ET TORTUES

Les grenouilles sont apparues il y a environ 250 millions d'années, bien avant les dinosaures. Les tortues sont apparues encore plus tôt, il y a environ 260 millions d'années.

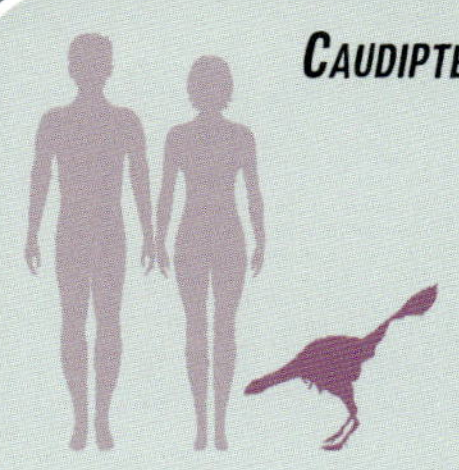

CAUDIPTERYX

VIVAIT	125-120 millions d'années (début du Crétacé) ; Chine	HABITAT	Forêts subtropicales et zones humides
FAMILLE	Caudipteridae	RÉGIME	Omnivore : plantes, insectes, petits poissons et invertébrés
LONGUEUR	Jusqu'à 1 m	INFOS CLÉS	Longues pattes et bras courts ; corps couvert de plumes ; longues plumes spectaculaires au bout de la queue ; ne pouvait pas voler
POIDS	Environ 2 kg		

UN PETIT HERBIVORE À GROSSE TÊTE

Le silence au sein de ce paysage rocheux est troublé par les cris de deux mâles *Archaeoceratops* qui s'affrontent pour une femelle. Contrairement à leurs massifs descendants, ces petits cératopsidés primitifs peuvent se déplacer rapidement sur leurs pattes arrière.

L'ANCÊTRE DE *TRICERATOPS* Il est difficile de croire que le petit *Archeoceratops*, ou « ancienne tête cornue », est l'ancêtre des massifs cératopsidés à collerettes, tels que *Triceratops* qui parcourait l'Amérique du Nord au Crétacé supérieur. Il fait partie de l'un des nombreux petits dinosaures cératopsidés découverts en Asie.

UN RÉGIME VÉGÉTARIEN Comme tous les cératopsidés, *Archeoceratops* était herbivore. Il vivait au début du Crétacé et se nourrissait de fougères, de cycas et de conifères. Il utilisait son bec pointu pour mordre les plantes robustes, puis les mastiquait pour les découper en morceaux.

DES ORIGINES ASIATIQUES Tous les anciens cératopsidés découverts jusqu'à présent vivaient en Chine et en Mongolie. Ceci semble indiquer que cette famille est apparue en Asie pendant le Jurassique supérieur avant de se diffuser en Amérique du Nord et en Europe.

UNE TÊTE IMMENSE
Archaeoceratops avait une tête très grande par rapport à son corps. Malgré son nom, il n'avait pas de cornes sur la tête, mais seulement une petite collerette osseuse située à l'arrière de sa tête.

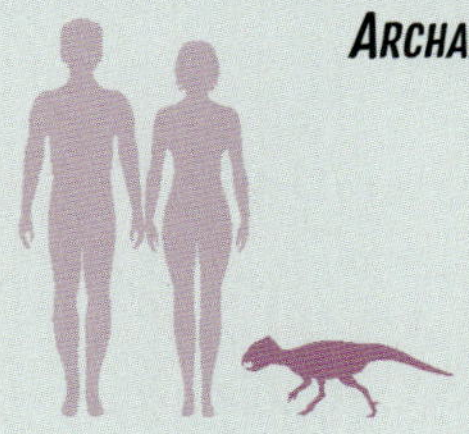

ARCHAEOCERATOPS

VIVAIT	129-100 millions d'années (début du Crétacé) ; Chine, Mongolie	HABITAT	Paysages rocheux, avec des fougères, des buissons et des grands arbres
FAMILLE	Archeoceratopsidae	RÉGIME	Herbivore : fougères, cycas et conifères
LONGUEUR	Jusqu'à 1,30 m	INFOS CLÉS	Cératopsidé primitif, ancêtre de *Triceratops* ; petit corps et très grande tête
POIDS	Environ 85 kg		

DES PRÉDATEURS DE PETITE TAILLE

Ces deux *Microraptors* ont passé la journée dans les arbres, pourchassant les petits oiseaux et reptiles qu'ils aiment manger. Ils se dirigent maintenant vers les eaux peu profondes d'un lac pour y boire et s'y rafraîchir. Puis ils remonteront, battant des ailes, dans la cime des arbres pour y passer la nuit, blottis l'un contre l'autre pour bien rester au chaud.

AU SOL Il n'était pas facile pour *Microraptor* de se déplacer au sol en raison de la taille de ses ailes et des longues plumes sur ses pattes avant et arrière. En effet, même repliées, ses ailes auraient traîné dans la boue. Les scientifiques pensent donc que *Microraptor* passait probablement la plupart de son temps dans les arbres.

LEUR ALIMENTATION Certains fossiles retrouvés contiennent les restes de leur dernier repas. C'est ainsi que nous savons que *Microraptor* se nourrissait de petits mammifères, d'oiseaux et de poissons. Il était à la fois un chasseur actif et un charognard.

MICRORAPTOR

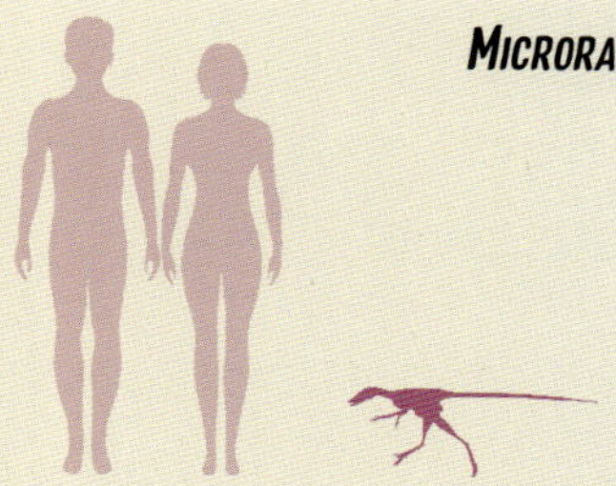

VIVAIT	125-112 millions d'années (début du Crétacé) ; Chine, Mongolie
FAMILLE	Anchionithidae
ENVERGURE	1 m
POIDS	Jusqu'à 1 kg
HABITAT	Forêts
RÉGIME	Carnivore : petits mammifères, oiseaux, poissons et lézards
INFOS CLÉS	Prédateur de petite taille ; quatre ailes

QUATRE AILES De la taille d'un pigeon, les *Microraptors* étaient minuscules par rapport à la plupart des autres dinosaures. Ils possédaient quatre ailes avec de longues plumes sur leurs pattes avant et arrière. Mais elles leur servaient non pas à voler mais à planer d'arbre en arbre dans la forêt. Les plumes des pattes arrière leur permettaient de rester stables et de changer de direction.

DES DÉCOUVERTES IMPORTANTES À LIAONING

Comme de nombreux autres petits dinosaures à plumes, *Microraptor* a d'abord été découvert en Chine, dans une région au nord-est du pays appelée Liaoning. À partir du milieu des années 1990, d'incroyables découvertes ont permis de prouver que les dinosaures étaient les ancêtres des oiseaux modernes, mettant fin à un long différend scientifique.

DES CHASSEURS FURTIFS

Un couple de *Suchomimus* glisse silencieusement dans les eaux chaudes et calmes du delta. Ils savent que c'est la période de l'année durant laquelle les orphies remontent le cours de la rivière pour se reproduire, ces poissons sont des proies de choix ! Soudain, l'un d'eux plonge et en attrape un dans ses mâchoires. C'est la panique ! Les orphies tentent de s'échapper, mais l'autre *Suchomimus* plonge également et il est trop tard pour certains poissons !

Suchomimus a été découvert en 1997 au Niger (Afrique). Avec ses longues griffes incurvées et ses pouces dotés d'une griffe encore plus longue, ce carnivore était un redoutable chasseur.

SUCHOMIMUS

VIVAIT	120-110 millions d'années (milieu du Crétacé) ; Afrique
FAMILLE	Spinosauridae
LONGUEUR	Jusqu'à 12 m
POIDS	Jusqu'à 6 000 kg
HABITAT	Plaines inondables près des rivières et des lacs
RÉGIME	Carnivore : principalement poissons et reptiles marins, aussi charognard
INFOS CLÉS	Museau allongé et denté ; nageur puissant, chassait principalement dans l'eau

UNE ALLURE DE CROCODILE
Suchomimus, dont le nom signifie « imitateur de crocodile », ressemblait un peu à nos crocodiles. Leur museau allongé et mince était garni de dents adaptées pour attraper les poissons. Ils avaient de longs bras puissants avec des mains à trois griffes pour attraper et retenir les poissons.

UNE ALLURE DE CROCODILE
Suchomimus était apparenté au *Spinosaurus* (voir pages 108-109), bien qu'il n'ait pas eu de voile sur le dos comme son cousin plus grand. *Suchomimus* a vécu juste avant *Spinosaurus*.

POUSSÉ PAR LA FAIM…

Trois *Argentinosaurus* géants mugissent de peur et de rage en voyant ce *Giganotosaurus* s'approcher. En temps normal, ce puissant prédateur, bien que plus grand que *T-rex*, n'attaque pas les titanosauriens tout seul. Mais poussé par la faim, il est prêt à prendre tous les risques…

DE PUISSANTES MÂCHOIRES
La mâchoire de *Giganotosaurus* comprenait 76 dents et chaque dent mesurait 20 cm de long. Bien que son crâne ait été plus grand que celui de *T-rex*, *Giganotosaurus* semble avoir eu une puissance de morsure moins forte que celle de *T-rex*. Son cerveau était aussi plus petit que celui de *T-rex*.

LE PLUS GRAND CARNIVORE D'AMÉRIQUE DU SUD *Giganotosaurus* arpentait les plaines et les forêts d'Amérique du Sud environ 30 millions d'années avant que *Tyrannosaurus rex* n'apparaisse en Amérique du Nord. Il a vécu en même temps que *Spinosaurus*, le plus grand dinosaure carnivore de tous les temps, mais pas au même endroit : *Spinosaurus* se trouvait dans l'actuelle Afrique du Nord (voir pages 108-109).

GIGANOTOSAURUS

VIVAIT	100-93,5 millions d'années (fin du Crétacé) ; Amérique du Sud (Argentine)
FAMILLE	Carcharodontosauridae
LONGUEUR	Jusqu'à 13 m
POIDS	Jusqu'à 13 800 kg
HABITAT	Plaines et bois
RÉGIME	Carnivore : autres animaux, y compris dinosaures
INFOS CLÉS	Grand, fort et rapide ; bras courts avec trois griffes acérées ; queue fine et pointue garantissant équilibre et agilité

Argentinosaurus

VIVAIT	99-89 millions d'années (fin du Crétacé) ; Amérique du Sud
FAMILLE	Titanosauridae
LONGUEUR	Jusqu'à 40 m
POIDS	Jusqu'à 11 000 kg
HABITAT	Forêts et plaines
RÉGIME	Herbivore : branches supérieures des arbres
INFOS CLÉS	Lent et très grand ; les jeunes mettaient 40 ans à atteindre la taille adulte

LE PLUS GRAND DINOSAURE DU MONDE *Argentinosaurus* serait le plus grand dinosaure ayant jamais marché sur Terre. Les femelles *Argentinosaurus* pondaient 10 à 15 œufs à la fois ; les œufs mesuraient environ 30 cm de diamètre et sont parmi les plus grands œufs de dinosaure jamais découverts.

UN REPAS FACILE

Quelques crevettes géantes gisent le long des eaux stagnantes de cette lagune. Un jeune *Scipionyx* arrive et, hop, il croque leurs coquilles pour atteindre la chair délicieuse située à l'intérieur. Mais il reste vigilant car de redoutables crocodiles infestent ces eaux tièdes...

UN DINOSAURE INSULAIRE *Scipionyx* vivait sur une île dans l'océan Téthys, entre la Laurasia et le Gondwana, dans une zone maintenant située dans la mer Méditerranée. Les eaux du début du Crétacé étaient souvent pauvres en oxygène, très salées et remplies d'algues toxiques.

UN SEUL FOSSILE
Tout ce que nous savons sur ce dinosaure est basé sur un fossile d'un nouveau-né. Non seulement le squelette était presque complet, mais il contenait des tissus mous, tels que des parties du système digestif, du foie, des vaisseaux sanguins et des muscles. On a même trouvé les restes de son dernier repas (poissons et lézards).

UN FOSSILE IMPORTANT *Scipionyx* est l'un des fossiles les plus importants jamais découverts. Il est unique car de nombreux organes internes du dinosaure ont été conservés. Il s'est probablement noyé dans une lagune pauvre en oxygène, ce qui a contribué à protéger certaines parties de son corps.

HYPERRÉACTIF ! Les scientifiques décrivent *Scipionyx* comme un petit prédateur capable d'atteindre une vitesse vertigineuse en quelques secondes, donc susceptible d'attraper de petites proies elles-mêmes rapides, comme des petits reptiles sur terre et des poissons en eaux peu profondes.

Scipionyx *avait de grands yeux et une excellente vue. Ses seuls ennemis étaient les crocodiles à museau court qui ont vécu au même endroit.*

Il est possible que Scipionyx *ait eu des protoplumes, mais impossible de le confirmer puisqu'aucune partie de sa peau n'a été préservée.*

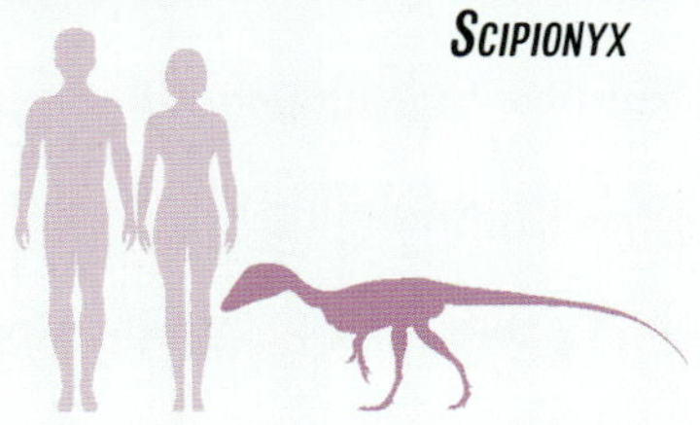

Scipionyx

VIVAIT	113-109 millions d'années (début du Crétacé) ; Italie	HABITAT	Plages, marais salants, lagunes
FAMILLE	Compsognathidae	RÉGIME	Carnivore : poissons, lézards, petits vertébrés ; aussi charognard
LONGUEUR	2 m	INFOS CLÉS	Chasseur rapide, petits bras, grande queue ; marchait sur ses pattes arrière ; grosse tête et dents acérées
POIDS	25 à 30 kg		

LA BATAILLE POUR LES CIEUX

Un ptérosaure vient d'attraper un poisson et se dirige vers la terre ferme pour le déguster. Mais il est soudainement attaqué par une bande d'*Ichthyornis* qui tentent de lui voler le poisson qu'il tient dans son bec. Pour se débarrasser de ces importuns, le ptérosaure positionne le poisson dans sa gorge et l'avale d'un coup !

DISPARU AVEC LES DINOSAURES *Ichthyornis* a disparu lorsque l'astéroïde a frappé la Terre à la fin du Crétacé, tout comme les autres espèces d'oiseaux à dents. Seuls les ancêtres sans dents des oiseaux modernes ont survécu.

Un *Ichthyornis* affamé tente d'attraper le poisson qui se trouve dans le bec du ptérosaure.

PTÉROSAURES ET OISEAUX Les ptérosaures sont apparus avant les oiseaux et ont dominé le ciel durant le Mésozoïque. Les oiseaux sont apparus il y a environ 150 millions d'années et, au début du Crétacé, ils cohabitaient avec les ptérosaures. Ils étaient parfois en concurrence pour la nourriture, mais les ptérosaures avaient l'avantage car ils étaient bien plus grands. Les oiseaux ne pouvaient l'emporter que dans des zones où leur petite taille et leur agilité étaient un avantage.

DES OISEAUX DE MER À DENTS *Ichthyornis* était un oiseau de mer de la taille d'un pigeon. Il ressemblait beaucoup à un oiseau moderne, avec en plus des dents pointues et courbées. Les premiers fossiles ont été découverts en 1870, mais les crânes n'étaient pas en bon état. Seules des découvertes plus récentes ont permis d'affirmer qu'ils avaient des dents.

Grâce à sa mâchoire puissante, *Ichthyornis* pouvait mordre fortement ses proies. À cet égard, il ressemblait davantage à un dinosaure qu'à un oiseau moderne.

ICHTHYORNIS

VIVAIT	99-70 millions d'années (Crétacé supérieur) ; Amérique du Nord	HABITAT	Le long des côtes de la Voie maritime intérieure de l'Ouest (mer qui divisait l'Amérique du Nord en deux parties)
FAMILLE	Ichthyornithidae	RÉGIME	Carnivore : poissons
ENVERGURE	Jusqu'à 60 cm	INFOS CLÉS	Semblable à un oiseau moderne, avec des dents ; a disparu avec les dinosaures
POIDS	Environ 25 kg		

DU POISSON AU DÎNER !

Spinosaurus patiente, les pattes arrière dans l'eau… Il attend qu'un poisson passe à proximité de lui. Le voici ! Il s'agit d'un *Onchopristis*, une sorte de poisson-scie. *Spinosaurus* plonge alors son long museau dans l'eau et attrape le poisson par la queue. Il le secoue quelques secondes pour l'étourdir avant de le déguster.

LE PLUS GRAND CARNIVORE Des recherches récentes montrent que *Spinosaurus* était le plus grand de tous les dinosaures carnivores, plus grand même que *T-rex*. Avec son grand voile sur le dos, c'était une créature impressionnante !

Spinosaurus

VIVAIT	112-93,5 millions d'années (Crétacé supérieur) ; Afrique du Nord
FAMILLE	Spinosauridae
LONGUEUR	Jusqu'à 18 m
POIDS	Jusqu'à 21 000 kg
HABITAT	Estrans, mangroves, marécages
RÉGIME	Carnivore : poissons, lézards, tortues
INFOS CLÉS	Très grand ; haut voile le long du dos ; museau allongé semblable à celui d'un crocodile

UN GRAND VOILE Le long du dos, *Spinosaurus* possédait des vertèbres mesurant 1,65 m de hauteur et recouvertes de peau qui, ensemble, formait un grand voile. Il lui permettait de réguler sa température corporelle et d'impressionner ses rivaux et ses potentiels partenaires dans le cadre de parades nuptiales.

DES GÉANTS DANS LES AIRS

Un petit groupe de *Pteranodons* virevolte à la surface de la mer pour attraper des poissons avec leur long bec. Ils utilisent les courants d'air pour chasser, comme le font aujourd'hui les albatros. Ils ne passent pas beaucoup de temps en mer ou sur terre, préférant passer la majeure partie de leur vie à planer dans les airs, au-dessus de l'océan.

UN PTÉROSAURE BIEN CONNU
Grâce aux plus de 1 200 restes fossiles de *Pteranodon* mis au jour, les paléontologues ont une assez bonne connaissance de ce ptérosaure. Il fait partie des premiers ptérosaures découverts en dehors de l'Europe. À sa découverte en 1871, on a d'abord cru qu'il était le plus grand ptérosaure de tous les temps, mais l'immense *Quetzalcoatlus* (voir page 124) l'a détrôné à la fin du XXe siècle.

PAS DE DENTS *Pteranodon* signifie « ailes et sans dents ». En effet, contrairement aux ptérosaures plus anciens, tels que *Peteinosaurus* (voir pages 30-31) et *Dorygnathus* (voir pages 56-57), *Pteranodon* avait un bec sans dents, comme ceux des oiseaux modernes.

Il existait deux types de Pteranodon. *Assez similaires, ils se distinguaient toutefois par la forme de la crête qu'ils arboraient sur la tête.*

Pteranodon passait du temps sur terre. Mais les chercheurs ne sont pas d'accord sur la façon dont il marchait. Certains pensent qu'il se déplaçait à quatre pattes.

D'autres spécialistes estiment qu'il marchait sur ses membres postérieurs, gardant ses membres antérieurs et ses ailes au-dessus du sol.

Ce *Pteranodon sternbergi* avait une crête dressée, contrairement à l'autre espèce, connue sous le nom de *Pteranodon longiceps*, qui avait une crête longue pointant vers l'arrière.

Les fossiles de Pteranodon *ont été découverts dans la région immergée par l'ancienne mer connue sous le nom de Voie maritime intérieure de l'Ouest. Elle divisait l'Amérique du Nord en deux parties pendant le Crétacé supérieur.*

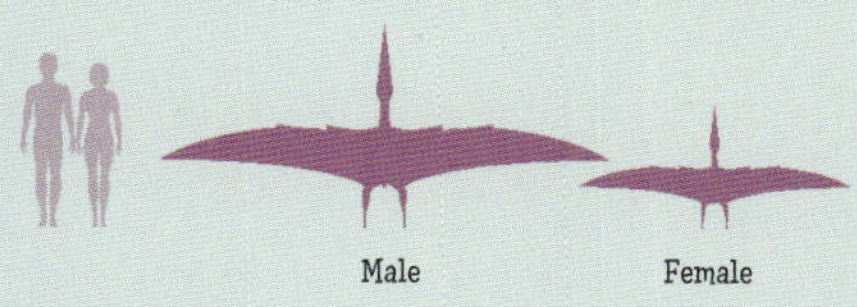

PTERANODON

VIVAIT	90-70 millions d'années (Crétacé supérieur) ; Amérique du Nord	POIDS	20 à 50 kg
FAMILLE	Pteranodontidae	HABITAT	Littoraux et mers intérieures peu profondes de la Voie maritime intérieure de l'Ouest
ENVERGURE	Jusqu'à 6 m	RÉGIME	Carnivore : poissons
LONGUEUR	1,50 à 2 m	INFOS CLÉS	Taille massive ; grande crête crânienne ; bec sans dents

MAIASAURA

VIVAIT	86-70 millions d'années (Crétacé supérieur) ; Amérique du Nord
FAMILLE	Hadrosauridae
LONGUEUR	Jusqu'à 9 m
POIDS	Jusqu'à 2 500 kg
HABITAT	Intérieur des terres, dans des zones verdoyantes et des forêts
RÉGIME	Herbivore : feuilles, baies, graines et plantes ligneuses
INFOS CLÉS	Nichait en colonies ; se déplaçait à quatre pattes, de grande taille mais pouvait atteindre une vitesse de 40 km/h

DES MÈRES ATTENTIVES

Il est tôt. Dans la zone de ponte, les mères *Maiasaura* se préparent pour la journée. L'une d'elles a déjà donné naissance à deux petits. Elle va les garder dans le nid pendant un certain temps, leur apportant de la nourriture jusqu'à ce qu'ils soient assez grands pour aller chercher eux-mêmes des plantes.

DE GRANDES ZONES DE NIDIFICATION

Le fait de nidifier ensemble permettait de mieux protéger les œufs et les nouveau-nés contre les prédateurs. En effet, les mères pouvaient se relayer pour monter la garde et chasser les intrus.

UNE QUESTION EN SUSPENS

Un sujet fait débat : les dinosaures adultes prenaient-ils soin ou non de leurs petits ? Il existe de plus en plus de preuves indiquant que de nombreuses espèces nichaient ensemble et vivaient en groupe (pour se tenir chaud, chasser…). Certains parents ont peut-être aussi consacré du temps à l'éducation de leurs petits.

La griffe mortelle

LA GRIFFE DE LA MORT
Ses pieds étaient constitués de plusieurs doigts dont un était muni d'une grande griffe en forme de faucille. Cette arme a pu être utilisée pour harponner et déchiqueter ses proies.

DES PLUMES Contrairement aux droméosauridés plus grands montrés dans *Jurassic Park*, *Velociraptor* était de la taille d'un gros chien et vivait en Mongolie, et non en Amérique du Nord. Les chercheurs pensent également qu'il était revêtu d'un fin duvet de filaments ressemblant à des plumes. Les droméosauridés de *Jurassic Park* ressemblent davantage à *Deinonychus* ou *Utahraptor*.

UN MODE DE VIE PEU CONNU Les fossiles ne laissent que peu d'indices sur la façon dont les dinosaures vivaient. Nous ne savons pas si les mères dinosaures enseignaient à leurs petits leurs techniques de chasse, mais ce n'est pas impossible.

UN PEU D'ENTRAÎNEMENT !

Cette mère *Velociraptor* a donné deux petits mammifères à ses petits afin qu'ils s'entraînent à chasser. Ces proies, qui ressemblent à des musaraignes, tentent de s'échapper, mais leurs chances de survie sont bien minces...

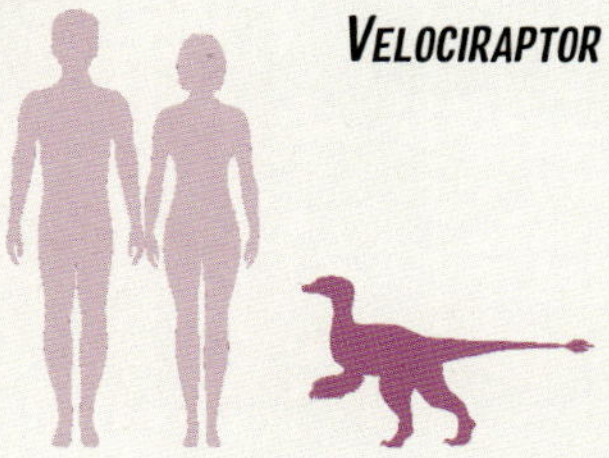

VELOCIRAPTOR

VIVAIT	75-71 millions d'années (Crétacé supérieur) ; Mongolie, nord de la Chine	HABITAT	Zones sèches, avec du sable
FAMILLE	Dromeosauridae	RÉGIME	Carnivore : chassait ou charognait de petites créatures (reptiles, amphibiens, insectes, dinosaures, mammifères)
LONGUEUR	Jusqu'à 2 m	INFOS CLÉS	Bipède rapide, à plumes ; grande griffe en forme de faucille à chaque pied arrière
POIDS	Jusqu'à 45 kg		

À MANGER PAS LOIN !

Ces trois *Parasaurolophus* observent les eaux de cette mer peu profonde. Après une longue sécheresse, il ne reste plus de végétation dans leurs zones d'alimentation habituelles. Y en aura-t-il plus de l'autre côté ? Ces grands herbivores ont un sens de l'odorat aigu et leur nez leur indique que c'est le cas. Ils sont bons nageurs… bientôt ils pourront de nouveau se nourrir convenablement !

LE RÔLE DE LA CRÊTE Elle était probablement utilisée pour séduire les femelles durant la période de reproduction. Comme elle était creuse, elle pouvait également servir à amplifier les appels, comme une caisse de résonance.

QUE SUR TERRE Au début, les paléontologues pensaient que *Parasaurolophus* était amphibie (capable de vivre sur terre et dans l'eau) et qu'il utilisait sa longue crête crânienne comme une sorte de tuba pour respirer sous l'eau. On sait maintenant que ce bon nageur vivait néanmoins uniquement sur terre.

PARASAUROLOPHUS

VIVAIT	77-73 millions d'années (Crétacé supérieur) ; Amérique du Nord, peut-être Asie
FAMILLE	Hadrosauridae
LONGUEUR	Jusqu'à 11 m
HAUTEUR	Jusqu'à 4,9 m
POIDS	Jusqu'à 1 650 kg
RÉGIME	Herbivore : feuilles, brindilles et conifères
INFOS CLÉS	Grande crête sur la tête, bec de canard ; queue longue et étroite

UNE VIE EN TROUPEAUX
Parasaurolophus vivait en grands troupeaux dans des plaines inondables. Il broutait diverses plantes et buissons de petite taille. Il coupait la végétation à l'aide de son bec et la mâchait avec ses dents.

DE DISCRETS MAMMIFÈRES Les mammifères placentaires, qui accouchent de bébés (et non de larves ou d'œufs), se sont développés à la fin du Crétacé. À l'âge adulte, ces mammifères restaient petits, pas plus grands que des lapins, une taille idéale pour échapper aux voraces dinosaures. Mais ils étaient de plus en plus nombreux et étaient prêts à prendre la relève une fois les dinosaures disparus.

DES OISEAUX À DENTS

Un groupe d'oiseaux primitifs est assis sur le dos de deux *Parasaurolophus*, se régalant des insectes qui vivent sur leur peau. Ce sont des *Enantiornithes*, le plus grand groupe d'oiseaux du Mésozoïque. Ils ont tous disparu à la fin du Crétacé.

Les *Enantiornithes* avaient des plumes bien développées, ce qui leur permettait de voler. Tu peux voir un groupe de ces oiseaux primitifs à l'arrière-plan.

UN GROUPE VARIÉ *Enantiornithes* regroupe plus de 80 espèces d'oiseaux différents qui ont vécu sur tous les continents sauf l'Antarctique. La plupart d'entre elles étaient de petite taille, à peu près celle d'un moineau ou d'un étourneau, mais certaines atteignaient la taille d'une dinde, voire plus. Leurs habitats et leurs régimes alimentaires variaient considérablement : certains oiseaux se nourrissaient de poissons ou d'insectes, d'autres chassaient de petits mammifères et de petits reptiles.

Les oiseaux au premier plan se nourrissent d'insectes présents sur le dos des dinosaures, tout comme le font aujourd'hui les pique-bœufs sur le dos des rhinocéros, des girafes et des buffles d'eau : ils se délectent des tiques, mouches et autres insectes installés sur leur peau.

DES DENTS Les *Enantiornithes* n'avaient pas tous les mêmes caractéristiques anatomiques. Mais presque tous avaient des dents. Certains scientifiques estiment que seuls les oiseaux sans dents ont pu survivre à l'extinction massive du Crétacé. Lorsque la nourriture est devenue rare après l'impact de l'astéroïde, des graines datant d'avant la catastrophe étaient encore disponibles. Seuls les oiseaux à bec sans dents pouvaient casser l'enveloppe des graines et les manger.

Enantiornithes

VIVAIT	130-66 millions d'années (Jurassique supérieur au Crétacé supérieur) ; sur chaque continent sauf l'Antarctique
CLADE	Enantiornithes
TAILLE	Principalement de petite taille, similaire à celle des moineaux et des étourneaux
HABITAT	Grande variété d'habitats
RÉGIME	Omnivores : insectes, sève, baies, invertébrés et plantes
INFOS CLÉS	Type le plus courant d'oiseau primitif ; dents ; ont disparu à la fin du Crétacé

PAS TOUCHE AUX ŒUFS !

Les œufs de dinosaures étaient très appréciés des prédateurs. Ce *Tarbosaurus* s'approche justement de *Gigantoraptors* en train de nidifier, attiré par leurs œufs. Heureusement, le groupe attaqué est constitué de plusieurs *Gigantoraptors* adultes qui obligent *Tarbosaurus* à battre en retraite.

UN DINOSAURE-OISEAU GÉANT

Gigantoraptor est l'un des plus grands dinosaures ressemblant à un oiseau jamais découverts. Il pondait de très grands œufs allongés, même plus grands que ceux des autres dinosaures. On le connaît grâce à un seul squelette presque complet découvert en Mongolie en 2005.

UN BEC CORNÉ

Gigantoraptor avait un bec corné sans dents, donc parfait pour écraser la matière végétale dure et déchirer la chair.

Gigantoraptor

VIVAIT	83-70 millions d'années (Crétacé supérieur) ; Mongolie
FAMILLE	Caenagnathidae
LONGUEUR	Jusqu'à 8 m
HAUTEUR	5 m
POIDS	Jusqu'à 2 700 kg
RÉGIME	Omnivore : végétation et petits animaux
INFOS CLÉS	Très grand dinosaure ressemblant à un oiseau ; a peut-être eu un plumage complet

PAS UN DROMÉOSAURIDÉ
Gigantoraptor était plus étroitement lié à *Oviraptor* qu'à *Velociraptor*. *Gigantoraptor* avait certes des griffes très longues et aiguisées, mais il ne possédait pas de griffes en forme de faucille sur ses membres postérieurs.

UN COMPORTEMENT D'OISEAU
Ces énormes créatures ressemblaient tellement à des oiseaux que les paléontologues pensent que *Gigantoraptor* pouvait aussi se comporter comme un oiseau. Par exemple, en période de reproduction, les couples pouvaient effectuer des danses nuptiales très élaborées.

UNE BELLE RÉCOLTE

Les fossiles de dinosaures sont presque toujours découverts dans des roches sédimentaires (issues de la transformation de dépôts de sable, de boue ou de matière organique). Tous les dinosaures ici vivaient au sud de l'Alberta, au Canada, dans une zone nommée formation de St. Mary River.

REGALICERATOPS

VIVAIT	68,5-67,5 millions d'années (Crétacé supérieur) ; Alberta (Canada)
FAMILLE	Ceratopsidae
LONGUEUR	Jusqu'à 5 m
POIDS	Jusqu'à 2 000 kg
RÉGIME	Herbivore : fougères, ginkgos et conifères
HABITAT	Marécages et plaines inondables
INFOS CLÉS	Très grand ; étroitement lié à *Triceratops* ; collerette de cou ornée, grande corne nasale

MONTANOCERATOPS appartenait à la famille des cératopsidés. De taille moyenne, il avait un grand bec de perroquet. Son énorme tête se prolongeait à l'arrière par une plaque osseuse. Il possédait des griffes et des dents dans la mâchoire supérieure.

MONTANOCERATOPS

VIVAIT	70 millions d'années (Crétacé supérieur) ; Amérique du Nord
FAMILLE	Ceratopsidae
LONGUEUR	Jusqu'à 3 m
HAUTEUR	1 m
POIDS	500 kg
RÉGIME	Herbivore : fougères, ginkgos et conifères
HABITAT	Marais et plaines inondables
INFOS CLÉS	Cératopsien primitif ; griffes au lieu de sabots ; bec semblable à celui d'un perroquet

REGALICERATOPS
Le nom de ce cératopsien signifie « visage royal à cornes ». Il faisait à peu près la taille d'une grosse voiture de type SUV. Il avait une grande collerette et trois cornes sur son visage : deux petites sur le front et une plus grosse sur le nez.

PACHYRHINOSAURUS Ce très grand cératopsien possédait un gros renflement osseux sur le museau et diverses pointes sur la collerette. Il pouvait courir jusqu'à 30 km/h et il chargeait tout prédateur qui osait le menacer.

PACHYRHINOSAURUS

VIVAIT	76-71 millions d'années (Crétacé supérieur) ; Amérique du Nord
FAMILLE	Ceratopsidae
LONGUEUR	Jusqu'à 8 m
POIDS	Jusqu'à 3 600 kg
RÉGIME	Herbivore : fougères, ginkgos et conifères
HABITAT	Marais et plaines inondables
INFOS CLÉS	Cératopsien de grande taille ; pouvait courir rapidement pour sa taille ; bosse sur le nez

LES *PTÉROSAURES* DU CRÉTACÉ
Au Crétacé, la plupart des ptérosaures étaient des ptérodactyloïdes. Ils se caractérisaient par des ailes étroites, des queues courtes et de longs cous avec de grosses têtes. Beaucoup d'entre eux n'avaient pas de dents dans leurs becs cornés. Ils chassaient au sol, marchant à quatre pattes en position verticale.

DES CHASSEURS DANS LE CIEL

Thalassodromeus plane dans le ciel, propulsé par ses ailes. Il est à la recherche de poissons ou de reptiles terrestres, mais il ne plonge pas pour les attraper. Il atterrit et traque ses proies à pied.

Thalassodromeus *possédait une crête sur le dessus de sa tête qui était trois fois plus longue que le reste de son crâne. Constituée de vaisseaux sanguins, elle a pu être utilisée pour réguler la température de son corps et pour séduire un futur partenaire lors de la période de reproduction.*

QUETZALCOATLUS

VIVAIT	71-66 millions d'années (Crétacé supérieur) ; Amérique du Nord
FAMILLE	Azhdarchidae
ENVERGURE	10 à 12 m
POIDS	Probablement autour de 250 kg
RÉGIME	Carnivore : petits dinosaures, autres reptiles et mammifères primitifs
INFOS CLÉS	Un des plus grands ptérosaures, de la taille d'un avion léger

SON VOL Certains scientifiques estiment que *Quetzalcoatlus* était trop lourd pour voler. Mais la plupart pensent qu'il pouvait décoller en utilisant ses membres puissants ou sauter depuis une falaise. Une fois en l'air, il pouvait planer et glisser à des vitesses allant jusqu'à 90 km/h.

Au début, les paléontologues ont cru que Quetzalcoatlus *se nourrissait de poissons en effleurant la surface de la mer comme de nombreux ptérosaures plus petits. Mais* Quetzalcoatlus *était bien trop grand pour chasser de cette manière : il chassait au sol, capturant sa proie avec son énorme bec.*

THALASSODROMEUS

VIVAIT	110-100 millions d'années (Crétacé inférieur) ; Brésil
FAMILLE	Thalassodromidae
ENVERGURE	4 à 5 m
POIDS	Inconnu
HABITAT	Marais et régions côtières
RÉGIME	Carnivore : petits reptiles et autres animaux traqués au sol
INFOS CLÉS	Grand ptérosaure ; énorme crête sur le crâne ; mâchoires sans dents ; connu à partir de morceaux de crâne

SES TECHNIQUES DE CHASSE Les yeux d'*Elasmosaurus* étaient situés au sommet de sa tête et lui permettaient de voir directement vers le haut. Les scientifiques pensent donc qu'il pouvait nager au fond de l'océan afin d'attaquer par surprise des proies situées au-dessus. Il pouvait aussi, par des mouvements de glissement latéral, étourdir puis tuer de grosses proies avec ses longues dents projetées latéralement (comme les requins-scies), avant de les avaler entières.

DES MONSTRES MARINS

Elasmosaurus nage au fond d'une mer peu profonde, à l'affût du moindre poisson. Ce grand reptile va devoir bientôt remonter à la surface pour respirer. Soudain, il aperçoit un gros calmar juste au-dessus de sa tête… vite, à l'attaque, son repas est enfin là !

L'AMÉRIQUE DU NORD SUBMERGÉE Pendant une grande partie du Crétacé, le centre de l'Amérique du Nord était recouvert par des mers peu profondes. De nombreux reptiles marins vivaient dans ces eaux : *Elasmosaurus*, mais aussi des ichthyosaures, des nothosaures, des placodontes et des mosasaures.

UN PLÉSIOSAURE PARMI D'AUTRES *Elasmosaurus* était l'un des plus grands membres d'un groupe de reptiles marins appelés plésiosaures qui ont vécu du Trias supérieur jusqu'à la fin de l'ère des dinosaures. Certains pensent que le monstre du Loch Ness en Écosse existe vraiment et qu'il s'agit d'un plésiosaure.

UN LONG COU *Elasmosaurus* avait un cou très allongé représentant au moins la moitié de la longueur de son corps. Sa tête était minuscule en comparaison. Lorsque les paléontologues ont tenté de reconstituer son squelette, ils ont placé sa tête à la mauvaise extrémité !

ELASMOSAURUS

VIVAIT	80 millions d'années (Crétacé supérieur) ; mers du monde entier
FAMILLE	Elasmosauridae
LONGUEUR	Jusqu'à 15 m
POIDS	Environ 2 750 kg
HABITAT	Mers peu profondes
RÉGIME	Carnivore : poissons et invertébrés marins
INFOS CLÉS	Très long cou, petite tête ; parmi les plus grands plésiosaures ; mettait probablement au monde des jeunes formés (ne pondait pas d'œufs)

UNE TOUTE PETITE COLLERETTE

Un *Udanoceratops* pénètre dans une clairière à la recherche de fougères et de cycas à manger. À l'aide de son bec tranchant et robuste, il coupe les parties dures des plantes et les réduit en bouillie grâce à ses dents situées à l'arrière de ses mâchoires avant de les avaler.

PAS DE CORNES Malgré son nom, qui signifie « tête cornue d'Udan » (d'après la localité représentative du spécimen), ce lointain parent de *Triceratops* ne possédait pas de cornes sur sa tête. Il avait une toute petite collerette autour du crâne avec de très petites cornes.

UN BEC DE PERROQUET *Udanoceratops* disposait d'un grand bec sans dents qu'il utilisait pour saisir et arracher la végétation coriace qui poussait dans son habitat désertique. Ses dents lui permettaient de couper et d'écraser la nourriture avant de l'avaler.

DES ARMES DÉFENSIVES Comme il ne pouvait pas se déplacer vite, *Udanoceratops* se fiait à son odorat très développé pour éviter les prédateurs. Sinon, il utilisait ses puissantes mâchoires et son grand bec corné pour infliger des morsures dévastatrices. Les mâles utilisaient aussi leurs becs lorsqu'ils se battaient entre eux en période de reproduction.

UN CRÂNE MASSIF *Udanoceratops* est principalement connu grâce à un seul crâne, presque intact. Seuls des fragments du reste de son corps ont été trouvés. Ses grandes narines suggèrent qu'il possédait un excellent odorat bien utile pour trouver de la nourriture et détecter les prédateurs à distance.

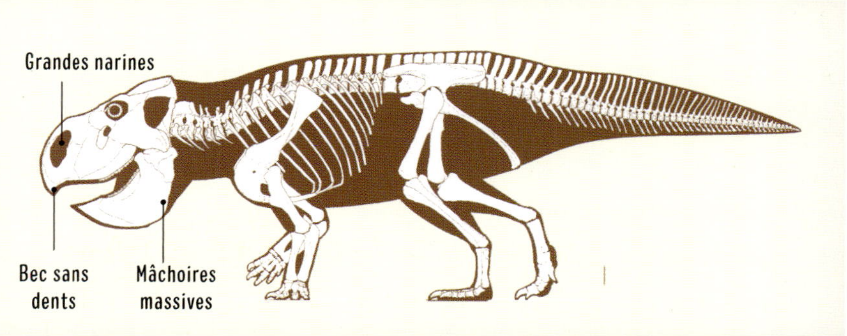

UDANOCERATOPS

VIVAIT	81-75 millions d'années (Crétacé supérieur) ; Mongolie	POIDS	Jusqu'à 700 kg
FAMILLE	Leptoceratopsidae	RÉGIME	Herbivore : végétation coriace
LONGUEUR	Jusqu'à 4 m	HABITAT	Sec, semblable au désert
HAUTEUR	Jusqu'à 1 m	INFOS CLÉS	Grand cératopsien sans cornes, avec une petite collerette ; mâchoires massives

DES RUGISSEMENTS POUR SÉDUIRE

Nous sommes au printemps, en pleine période de reproduction. À la recherche d'un partenaire, ce *Therizinosaurus* mâle pousse des rugissements assourdissants tout en déployant ses longues et redoutables griffes ! Effrayés, les petits mammifères se mettent à l'abri et les oiseaux s'envolent des arbres pour s'éloigner. Soudain, la réponse arrive : un lointain rugissement se fait entendre, il vient de derrière la colline !

QUELLES GRIFFES !

Les griffes de *Therizinosaurus* pouvaient atteindre jusqu'à 1 m de long ! Leur rôle est inconnu, mais on suppose qu'elles ont été utilisées à des fins défensives ou de séduction durant la période de reproduction. Certains pensent qu'elles permettaient d'atteindre les feuilles de la cime des arbres.

UN ASPECT ÉTRANGE *Therizinosaurus* était aussi gros que *T-rex*. Sa grande taille lui permettait d'atteindre les feuilles les plus hautes dans les arbres. Il se déplaçait sur ses pattes arrière et avait des bras très longs et un estomac étonnamment grand. Les scientifiques disposent maintenant de squelettes presque complets de cette créature à la morphologie si étonnante.

THERIZINOSAURUS

VIVAIT	100-66 millions d'années (Crétacé supérieur) ; Asie et Amérique du Nord
FAMILLE	Therizinosauridae
LONGUEUR	Jusqu'à 10 m
HAUTEUR	7 m
POIDS	Jusqu'à 5 000 kg
HABITAT	Zones boisées
RÉGIME	Herbivore et omnivore : principalement des plantes, mais aussi de petits animaux et des insectes
INFOS CLÉS	Grand, bras et griffes très longs ; apparence étrange

LA PREMIÈRE DÉCOUVERTE Les premiers fossiles de *Therizinosaurus* ont été découverts en 1948 et ont été attribués à une tortue géante. Il a fallu attendre 25 ans pour que les scientifiques les identifient comme appartenant à un dinosaure théropode.

Quelques œufs fossilisés ont été trouvés avec de petits embryons à l'intérieur. Ici, tu peux voir un bébé *Therizinosaurus* dans son œuf : ses longues griffes sont déjà bien développées.

NIDS ET ŒUFS Une colonie de nidification bien conservée de *Therizinosaurus* a été découverte dans le désert de Gobi, en Mongolie. Trop grandes et trop lourdes, les mères *Therizinosaurus* ne pouvaient pas couver leurs œufs car elles les auraient écrasés. Donc elles déposaient leurs œufs dans des nids, puis les recouvraient de sable ou de végétation pour les protéger et les garder au chaud jusqu'à l'éclosion.

DES PLUMES Certains fossiles de *Therizinosaurus* présentent des filaments ressemblant à des plumes sur la poitrine, les membres antérieurs et postérieurs. Mais nous ignorons si ces dinosaures étaient entièrement recouverts de plumes.

LE DERNIER JOUR

Le jour où l'astéroïde a frappé la Terre, les dinosaures, tels que *Triceratops, T-rex ou Ankylosaurus*, vaquaient tranquillement à leurs occupations.

LES TYRANS DU CRÉTACÉ *T-rex* n'était qu'un membre parmi d'autres d'un groupe de tyrannosaures qui ont vécu du Jurassique supérieur jusqu'à la fin de l'ère des dinosaures. Ils étaient tous de grands et féroces prédateurs.

CHASSER DÈS L'AUBE

La bouche pleine de dents de *T-rex* mesurait jusqu'à 20 cm de long. Sa morsure était trois fois plus forte que celle d'un lion. Il avait un sens de l'odorat aiguisé, idéal pour traquer ses victimes à distance.

Avec une couvée de jeunes à nourrir, cette femelle *T-rex* a du travail ! À l'aube, elle s'est mise en chasse, suivant une odeur… C'est un *Edmontosaurus* ! Une seule morsure et c'en est fini pour cet herbivore. Quel régal pour cette famille de *T-rex* !

TYRANNOSAURUS REX

VIVAIT	70-66 millions d'années (Crétacé supérieur) ; Amérique du Nord
FAMILLE	Tyrannosauridae
LONGUEUR	Jusqu'à 14 m
HAUTEUR	6,50 m
POIDS	Jusqu'à 7 000 kg
RÉGIME	Carnivore : autres dinosaures, y compris de grands herbivores tels que *Edmontosaurus*
INFOS CLÉS	Grand et puissant prédateur ; très petits membres antérieurs ; chasseur actif et charognard

LE PLUS GRAND CARNIVORE
Surnommé à juste titre le « roi des lézards tyrans », *T-rex* était le plus grand prédateur d'Amérique du Nord. Il utilisait ses dents acérées et dentelées ainsi que ses puissantes mâchoires pour déchirer la chair de ses victimes, lançant sa tête en arrière pour avaler la viande.

UN CANNIBALE *T-rex* était à la fois un charognard et un chasseur actif. Les fossiles montrent que ces créatures redoutables chassaient parfois d'autres prédateurs, même de leur propre espèce.

UN PEU D'OMBRE

Ce *Deinocheirus* se repose, confortablement assis dans la forêt, à l'ombre des arbres. Il faut dire qu'il a passé sa matinée à dévorer des plantes et des poissons dans la rivière située à proximité, maintenant, il digère ! Énorme et vraiment étrange, ce dinosaure présente de grandes mains griffues, une bosse similaire à celle d'un chameau et un bec ressemblant à celui d'un canard !

UN RÉGIME MIXTE Les fossiles ont révélé que *Deinocheirus* se nourrissait de plantes et d'animaux. Des gastrolithes trouvés parmi les fossiles indiquent que ce dinosaure sans dents avalait des pierres pour l'aider à broyer les matières végétales coriaces dans son gésier. Des os de poissons et des écailles ont aussi été découverts dans son estomac fossilisé, montrant qu'il attrapait des poissons dans les lacs et les rivières.

UNE PROIE POUR CERTAINS PRÉDATEURS *Deinocheirus* vivait aux côtés de prédateurs redoutables comme *Tarbosaurus*, un membre asiatique de la famille des tyrannosaures qui était légèrement plus petit que *T-rex*. La grande taille de *Deinocheirus* a certainement dissuadé la plupart des prédateurs plus petits, mais ce dinosaure était volumineux et lent, donc une proie de choix pour de gros prédateurs.

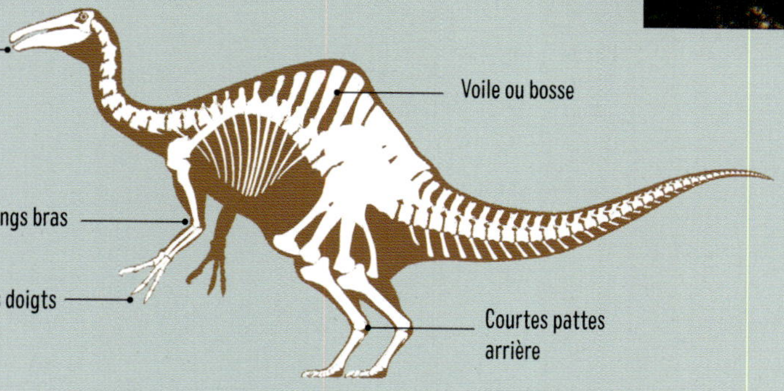

UN LOOK ÉTONNANT Pendant longtemps, *Deinocheirus* n'était connu que par les fossiles de deux bras énormes. Le reste de son corps est resté un mystère jusqu'à ce que deux squelettes plus complets soient découverts en 2014. Ils ont montré que ce dinosaure avait une bosse ou un voile sur le dos, de courtes pattes arrière, des plumes, des os creux et un bec semblable à celui d'un canard.

Deinocheirus

VIVAIT	100-66 millions d'années (Crétacé supérieur) ; Mongolie
FAMILLE	Deinocheiridae
LONGUEUR	Jusqu'à 11 m
POIDS	Environ 6 500 kg
HABITAT	Plaines inondables avec vasières, rivières et lacs peu profonds
RÉGIME	Omnivore : plantes, insectes et petits animaux, y compris poissons
INFOS CLÉS	Corps énorme et étrange avec des plumes, une bosse et de grands bras

UN VÉRITABLE TANK !

Un groupe *d'Ankylosaurus* est descendu au bord du lac pour s'y désaltérer. Protégés comme des chars d'assaut, ils ne craignent personne. En effet, leur corps est entièrement recouvert de centaines de plaques osseuses et de pointes. Et leur queue ressemble à une dangereuse massue osseuse ! Les autres herbivores veillent à ne pas les déranger et même les prédateurs, comme ce crocodile, gardent leurs distances.

ANKYLOSAURUS

VIVAIT	70-66 millions d'années (Crétacé supérieur) ; Amérique du Nord
FAMILLE	Ankylosauridae
LONGUEUR	Jusqu'à 10 m
POIDS	Jusqu'à 8 000 kg
HABITAT	Forêts tropicales chaudes et subtropicales
RÉGIME	Herbivore : fougères et plantes basses
INFOS CLÉS	Colossal, armure corporelle complète, queue en massue ; connu uniquement à partir de fragments de fossiles

UNE ARME REDOUTABLE AU BOUT DE LA QUEUE *Ankylosaurus* portait une massue constituée d'os au bout de la queue. Il pouvait la bouger comme il voulait avec une grande force grâce à des muscles très puissants situés à la base de sa queue… c'était une arme redoutable !

NE ME CHERCHE PAS !

C'est la saison des amours dans les forêts du Crétacé et les *Triceratops* mâles piétinent, rugissent et s'affrontent entre eux avec leurs longues cornes. Chacun espère impressionner les femelles et obtenir le droit de s'accoupler. Même la pluie battante ne les décourage pas !

UN CRÂNE PUISSANT

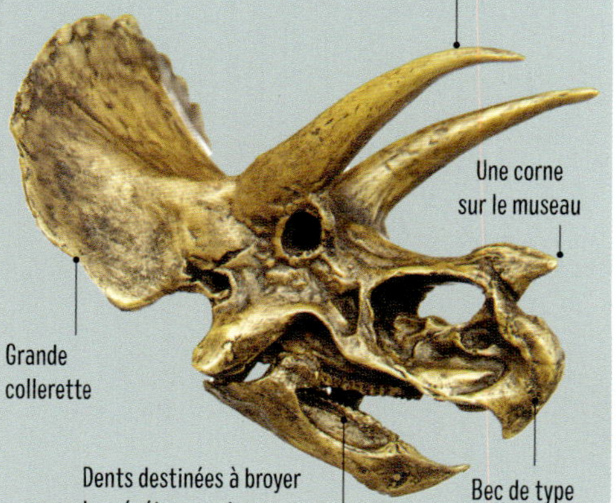

UNE BÊTE COLOSSALE Aussi long que deux voitures et pesant autant que deux éléphants, *Triceratops* était une créature massive. Malgré son apparence redoutable, ce dinosaure était un herbivore qui utilisait ses cornes pour se défendre et communiquer avec les autres *Triceratops*, surtout pendant la saison de reproduction.

TRICERATOPS

VIVAIT	68-66 millions d'années (Crétacé supérieur) ; Amérique du Nord
FAMILLE	Ceratopsidae
LONGUEUR	Jusqu'à 9 m
POIDS	8 000 kg
HABITAT	Zones boisées sèches et plaines
RÉGIME	Herbivore : plantes basses (palmiers, cycas et fougères)
INFOS CLÉS	Crâne énorme représentant un tiers du corps ; grande collerette et cornes ; jusqu'à 800 dents

ONT-ILS COMBATTU LES *T-REX* ? Les films et jeux vidéo montrent des combats entre *Triceratops* et *T-rex*. Les deux dinosaures vivaient à proximité l'un de l'autre et *T-rex* chassait probablement *Triceratops*. Cependant, un *Triceratops* adulte était grand et bien armé, donc *T-rex* ciblait probablement les jeunes ou les individus malades.

UNE TÊTE CASQUÉE

Sous l'œil attentif de leur mère, deux jeunes *Pachycephalosaurus* baissent la tête et chargent l'un vers l'autre à une vitesse vertigineuse. Les jeunes dinosaures apprennent à utiliser leur solide et épaisse tête comme arme. Quand ils atteindront l'âge adulte, elle leur servira en effet lors des bagarres entre mâles au moment de la saison de reproduction et pour se défendre. Heureusement, ils ont déjà développé un dôme osseux solide sur leurs crânes !

Pachycephalosaurus

VIVAIT	72-66 millions d'années (Crétacé supérieur) ; Amérique du Nord
FAMILLE	Pachycephalosauridae
LONGUEUR	Jusqu'à 4,50 m
POIDS	Jusqu'à 435 kg
HABITAT	Plaines inondables, forêts, espaces verts
RÉGIME	Omnivore : feuilles, graines et fruits ; insectes et petits animaux
INFOS CLÉS	Tête osseuse et bombée ; cerveau minuscule ; yeux énormes ; excellent odorat

RAPIDE ET AGILE Se déplaçant sur ses robustes pattes arrière, *Pachycephalosaurus* pouvait courir vite. En fait, fuir était probablement sa meilleure défense face aux dinosaures prédateurs, tels que *T-rex* ou *Albertosaurus* qui vivaient également dans les plaines inondables d'Amérique du Nord.

UNE TÊTE EN BÉTON Le dessus de son crâne était constitué d'un dôme osseux massif atteignant jusqu'à 40 cm d'épaisseur.

DES COUSINS Il existait plusieurs espèces de pachycéphalosauridés étroitement liées. Toutes avaient des crânes épais et osseux, même si certains étaient plats ou en forme de coin plutôt que bombés. Leurs corps étaient robustes et ces dinosaures disposaient tous d'une queue lourde et rigide, qu'ils tenaient en équilibre derrière eux.

DE PAISIBLES BROUTEURS

Un troupeau d'*Edmontosaurus* broute paisiblement dans la chaleur tropicale. Ces grands herbivores mâchonnent les feuilles coriaces des conifères et des fougères. Ils doivent manger presque constamment pour survivre. Mais l'un des membres du groupe reste vigilant, surveillant l'arrivée potentielle de prédateurs.

UNE COHABITATION DIFFICILE *Edmontosaurus* vivait dans le même environnement que *Tyrannosaurus rex*. Les fossiles montrent que certains *Edmontosaurus* ont échappé à des attaques de *T-rex*, peut-être en fuyant. *Edmontosaurus* pouvait en effet se déplacer à 45 km/h sur de courtes distances !

DENTS INFINIES *Edmontosaurus* possédait trois rangées de 60 dents de chaque côté de ses immenses mâchoires, soit un total de 720 dents ! Un être humain adulte en a 32. Si une dent tombait, une nouvelle poussait rapidement à la place.

DES ANIMAUX SOCIAUX *Edmontosaurus* vivait en groupe. Ils pouvaient se déplacer sur deux ou quatre pattes, mais semblaient passer la plupart de leur temps sur leurs pattes arrière. Contrairement à son cousin *Parasaurolophus*, *Edmontosaurus* ne possédait pas de longue crête osseuse sur le sommet du crâne.

UNE POCHE CUTANÉE GONFLABLE Il possédait une poche de peau sur son nez qu'il pouvait gonfler et utiliser pour amplifier ses cris. Cette poche pouvait aussi être utilisée pour impressionner ses partenaires pendant la saison des amours.

FLEURS ET INSECTES
Les plantes à fleurs, telles que les magnolias, les palmiers et les lauriers, ont commencé à pousser au Crétacé. Les insectes existaient depuis beaucoup plus longtemps : les premiers spécimens sont apparus au moins 150 millions d'années avant les dinosaures.

Edmontosaurus

VIVAIT	73-66 millions d'années (Crétacé supérieur) ; Amérique du Nord	HABITAT	Plaines côtières avec des marais, des forêts de conifères tropicaux et des fougères
FAMILLE	Hadrosauridae	RÉGIME	Herbivore : arbres à feuilles persistantes et à larges feuilles, petites graines et fruits
LONGUEUR	Jusqu'à 15 m	INFOS CLÉS	Peau épaisse ; bipède ; courts pics de vitesse malgré sa grande taille
POIDS	9 000 kg		

DES PRÉDATEURS INTRÉPIDES

Des grondements à glacer le sang résonnent dans la vallée alors que des *Dakotaraptors* attaquent un *T-rex* âgé. Ils ont traqué leur proie, attendant le moment propice pour se jeter sur lui.

DES PLUMES Le corps de *Dakotaraptor* était recouvert de plumes. Ses ailes étaient semblables à celles des oiseaux modernes. Mais comme il était trop lourd pour voler, elles étaient probablement utilisées pour immobiliser les proies ou impressionner les rivaux lors des parades nuptiales. Elles pouvaient également servir à abriter et protéger ses petits.

UN ANIMAL SOCIAL *Dakotaraptor* vivait au sein de petites meutes familiales. Doté d'un grand cerveau et d'une excellente vue, il pouvait courir à 65 km/h. Ses longues jambes et sa silhouette élancée lui permettaient de poursuivre ses proies sur de longues distances.

DES CHASSES EN MEUTE *Dakotaraptor* était l'un des rares dinosaures assez courageux pour affronter un *T-rex* adulte. Ces prédateurs de taille moyenne étaient armés d'une griffe en forme de faucille sur leur deuxième orteil, qu'ils utilisaient pour lacérer leurs victimes. Tout seuls, ils pouvaient traquer des proies de petite et moyenne taille, mais s'ils chassaient en meute, ils pouvaient s'attaquer à de grands dinosaures comme *Triceratops* ou *T-rex*.

QUI VA GAGNER ? Le vieux *T-rex* va finir par succomber, mais non sans infliger de graves blessures à ses assaillants.

Dakotaraptor

VIVAIT	70-66 millions d'années (Crétacé supérieur) ; Amérique du Nord	HABITAT	Plaines côtières avec des bois, des étangs et des marais
FAMILLE	Dromaeosauridae	RÉGIME	Carnivore : autres dinosaures et reptiles de toutes tailles
LONGUEUR	Jusqu'à 6 m	INFOS CLÉS	Corps couvert de plumes ; chasseur agressif ; a vécu à la fin de l'ère des dinosaures aux côtés notamment de *T-rex* et *Triceratops*
HAUTEUR	Jusqu'à 2 m		
POIDS	Jusqu'à 350 kg		

DES GÉANTS BLINDÉS

La Terre tremble tandis qu'un troupeau d'*Alamosaurus* déambule à travers les plaines boisées d'une région qui correspond aujourd'hui au sud des États-Unis. Ce sont les plus grands dinosaures ayant marché sur le sol américain. Ils ont vécu à la fin du Crétacé, environ 30 millions d'années après la disparition de la plupart des autres sauropodes géants.

Alamosaurus pouvait se dresser sur ses membres postérieurs pour atteindre les feuilles succulentes dans la cime des arbres.

UN TÉMOIN DIRECT DU DERNIER JOUR Des fossiles de ce dinosaure ont été trouvés dans différentes parties du sud des États-Unis, notamment dans l'Utah, au Nouveau-Mexique et au Texas. Ils montrent qu'*Alamosaurus* était vivant lorsque l'astéroïde a frappé la Terre. Étant donné que l'astéroïde est tombé non loin de leur lieu de vie, ils en ont certainement été les premiers témoins et les premières victimes.

UNE CROISSANCE RAPIDE Les œufs d'*Alamosaurus* étaient environ de la taille d'un ballon de basket. Les jeunes grandissaient rapidement, prenant probablement jusqu'à 13,50 kg par jour en période de croissance. Ils atteignaient leur taille maximale vers 8 ou 9 ans et vivaient pendant au moins 50 ans.

UNE CRÉATURE GÉANTE L'envergure moyenne du corps d'*Alamosaurus* était plus grande que la longueur d'une voiture familiale ! Leurs jambes, droites, étaient extrêmement robustes afin de pouvoir supporter le poids de leur corps. Ils devaient manger constamment pour maintenir leur poids.

DES ARMES DÉFENSIVES Son corps était au moins partiellement recouvert d'une armure osseuse. Il avait également une rangée d'épines le long du cou et du dos.

ALAMOSAURUS

VIVAIT	70-66 millions d'années (Crétacé supérieur) ; Amérique du Nord
FAMILLE	Saltasauridae
LONGUEUR	Jusqu'à 30 m
POIDS	Jusqu'à 80 000 kg
HAUTEUR	Jusqu'à 8,40 m
HABITAT	Plaines semi-arides à l'intérieur des terres
RÉGIME	Herbivore : conifères et arbres à feuilles larges, petites graines et fruits
INFOS CLÉS	Peau épaisse et robuste, bipède (se déplaçant sur les membres postérieurs), courts pics de vitesse malgré sa grande taille

DE FÉROCES CANNIBALES !

Ce *Majungasaurus* évolue dans un paysage de sable chaud correspondant aujourd'hui à l'île de Madagascar. Ce superprédateur a faim et il est prêt à tout pour remplir son estomac, même à attaquer des membres de sa propre espèce. Les paléontologues ont en effet trouvé des preuves de cannibalisme chez ce dinosaure.

UN SACRÉ CHASSEUR ! *Majungasaurus* était le plus grand prédateur de son environnement. Il chassait généralement d'autres dinosaures, en particulier des sauropodes comme *Rapetosaurus*. Il se caractérisait par un museau large et court, une bouche pleine de petites dents robustes et des mâchoires puissantes capables d'infliger des morsures mortelles. Des marques de dents dans des os fossilisés de *Majungasaurus*, typiques des dents de *Majungasaurus*, indiquent que ce dinosaure pouvait consommer des individus de sa propre espèce.

MADAGASCAR Aujourd'hui, l'île de Madagascar se trouve au large de la côte de l'Afrique mais, pendant la majeure partie du Mésozoïque, elle était reliée à l'Inde. Les fossiles qui y sont découverts sont assez différents de ceux d'Afrique et ont plus en commun avec ceux découverts en Inde. Il existe aussi certaines espèces uniques qui n'ont été trouvées qu'à Madagascar.

SON ASPECT *Majungasaurus* possédait une peau rugueuse avec des écailles saillantes et des ostéodermes (structures osseuses). Une corne arrondie trônait sur le dessus de sa tête. *Majungasaurus* était un prédateur bipède doté d'un museau court. Ses membres antérieurs étaient minuscules, encore plus petits que ceux de *T-rex*.

MAJUNGASAURUS

VIVAIT	70-66 millions d'années (Crétacé supérieur) ; Madagascar
FAMILLE	Abelisauridae
LONGUEUR	Jusqu'à 7 m
POIDS	Jusqu'à 1 100 kg
HABITAT	Plaines côtières chaudes avec des rivières
RÉGIME	Carnivore : autres dinosaures, même de sa propre espèce
INFOS CLÉS	Grand prédateur ; une des rares espèces connues pour être cannibale

SUS AUX TITANS !

Ces deux *Alioramus* se lancent à l'attaque d'un troupeau d'*Olorotitans*, quelle démarche audacieuse ! Leur plan, qui semble fonctionner, est d'effrayer ces grands herbivores à bec de canard et de les pousser à prendre la fuite, en laissant derrière eux les plus jeunes, les individus malades ou âgés.

UNE CRÊTE La grande crête en forme d'éventail située sur sa tête était reliée à sa cavité nasale, de sorte qu'elle a pu renforcer son odorat ou augmenter la puissance de ses vocalisations. Cette crête était peut-être de couleurs vives pour la reconnaissance entre individus ou pour attirer un partenaire pendant la saison des amours.

OLOROTITAN

VIVAIT	70-66 millions d'années (Crétacé supérieur) ; Extrême-Orient russe
FAMILLE	Hadrosauridae
LONGUEUR	Jusqu'à 12 m
HAUTEUR	Jusqu'à 4 m
POIDS	Jusqu'à 4 500 kg
RÉGIME	Herbivore : plantes et feuilles
HABITAT	Bois et marais
INFOS CLÉS	Grand dinosaure à bec de canard ; crête très large

UN HADROSAURE DE GRANDE TAILLE *Olorotitan* était un très grand dinosaure à bec de canard. Apparenté à des espèces nord-américaines comme *Parasaurolophus* (voir pages 116-117), il était bipède, même s'il se mettait souvent à quatre pattes pour se nourrir ou se reposer. Grâce à ses pattes musclées et élancées, il pouvait courir rapidement. Comme tous les hadrosaures, son bec était large, en forme de bec de canard et plein de nombreuses dents.

UN TYRANNOSAURE ÉLÉGANT *Alioramus* comptait sur sa vitesse et son agilité pour chasser. Car il n'avait pas une mâchoire aussi puissante que celle d'autres tyrannosaures et il faisait à peine la moitié de la taille de son cousin américain *T-rex*. Il chassait généralement des proies plus petites que lui, mais s'il se trouvait en groupe il pouvait s'attaquer à de grands herbivores.

ALIORAMUS

VIVAIT	72-66 millions d'années (Crétacé supérieur) ; Mongolie, Russie
FAMILLE	Tyrannosauridae
LONGUEUR	Jusqu'à 6 m
POIDS	Jusqu'à 700 kg
RÉGIME	Carnivore : petits dinosaures et petits reptiles
HABITAT	Plaines inondables humides et forêts de pins
INFOS CLÉS	Prédateur de taille moyenne ; plumes ; proies plus petites que lui

LE JOUR FATIDIQUE

Les dinosaures ont vécu pendant 180 millions d'années et ont disparu il y a environ 66 millions d'années. La plupart des scientifiques pensent qu'ils ont disparu à cause d'un astéroïde d'au moins 10 km de diamètre et se déplaçant à environ 77 000 km/h qui a percuté la Terre. Il aurait provoqué une extinction de masse parmi les dinosaures, mais aurait aussi éliminé les trois quarts des formes de vie.

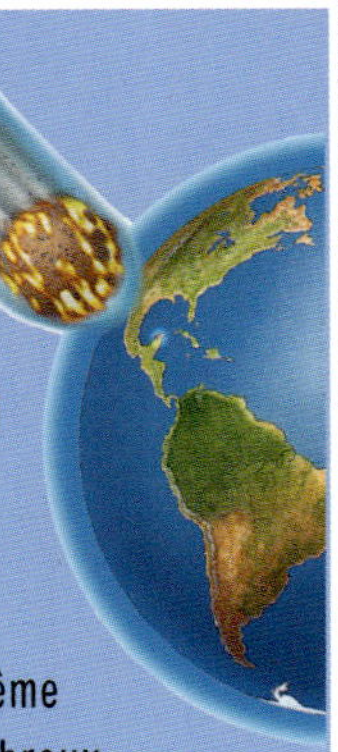

L'IMPACT
L'astéroïde a frappé la Terre dans une région qui correspond aujourd'hui au golfe du Mexique. Son impact, semblable à des millions de bombes nucléaires explosant en même temps, a provoqué de nombreux mégaséismes, des tsunamis dévastateurs en mer et des incendies de forêt sur terre.

Les dinosaures alors présents sur le territoire qui correspond aujourd'hui à l'Amérique du Nord et du Sud étaient les plus proches de la zone d'impact. Beaucoup d'entre eux ont probablement péri quelques minutes après la frappe de l'astéroïde.

D'AUTRES HYPOTHÈSES Certains scientifiques pensent que les effectifs de dinosaures étaient en déclin bien avant l'impact de l'astéroïde. Cela faisait 1 million d'années que la région de l'Inde subissait une intense activité volcanique, projetant des cendres dans le ciel, à l'origine de l'effet de serre, donc d'un changement climatique. Dans le même temps, les continents s'étaient fragmentés, puis déplacés, créant des océans plus grands et moins de terre. L'astéroïde n'aurait été que le coup fatal.

T-rex, *Triceratops* et les dinosaures à bec de canard comme ceux montrés ici vivaient tous en Amérique du Nord quand l'astéroïde s'est abattu sur la Terre.

DES PREUVES Nous savons qu'une énorme collision d'astéroïde a eu lieu il y a 66 millions d'années parce que les chercheurs ont découvert une couche de métal appelée iridium dans la croûte terrestre datant de cette époque. L'iridium est un métal rare sur Terre mais abondant dans les astéroïdes. Les scientifiques ont également découvert le cratère d'impact de l'astéroïde sur la côte de la péninsule du Yucatán, au Mexique.

LES CONSÉQUENCES

La chute de cet astéroïde a eu de nombreuses et durables répercussions. En heurtant la Terre, il a projeté quantité de poussière et de gaz dans l'atmosphère, plongeant la Terre dans l'obscurité et le froid pendant des années. Les plantes ont dépéri. Les herbivores sont alors morts de faim, puis ce fut au tour des carnivores. L'écosystème terrestre s'est effondré et seul un petit nombre de créatures a survécu.

Dans les minutes qui ont suivi l'impact, une tempête de billes de verre (formées à partir de la fusion de roches lors de l'impact) s'est abattue sur l'Amérique du Nord. Les paléontologues ont découvert des couches contenant ces minuscules billes de verre à Hell Creek et sur d'autres sites riches en fossiles de dinosaures.

DES TEMPS SOMBRES Pendant au moins deux ans la Terre a été recouverte par des couches de suie et de poussière. Plongées dans l'obscurité, les plantes sont mortes, entraînant la disparition des herbivores.

LES VICTIMES Environ les trois quarts des animaux sur Terre ont disparu à la fin du Crétacé. Outre les dinosaures non-aviens (non-oiseaux), tous les ptérosaures sont morts, ainsi que de nombreux oiseaux du Mésozoïque. Dans les mers, les plésiosaures et les mosasaures ont également disparu, tout comme de nombreux poissons, les requins et les mollusques. Un grand nombre de plantes ont également été perdues.

UNE CHALEUR INTENSE Plusieurs heures après l'impact, la Terre a subi une intense vague de chaleur provoquée par le retour des débris dans l'atmosphère. Des plantes ont pris feu et des animaux ont été brûlés. Sur terre, une grande partie de la vie du Crétacé a été anéantie en quelques heures.

LES OISEAUX Les dinosaures aviens, également appelés oiseaux, ont non seulement survécu à l'impact, mais ils se sont développés. Aujourd'hui, il existe plus de 10 000 espèces d'oiseaux différentes.

LES SURVIVANTS Heureusement, un certain nombre de plantes et d'animaux ont survécu à la catastrophe et ont rapidement repeuplé la Terre. Certaines espèces de crocodiles, lézards, serpents, grenouilles, salamandres, tortues, poissons et mammifères ont survécu. Un grand nombre de plantes à fleurs ont aussi survécu et se sont développées à mesure que les conditions de vie s'amélioraient.

L'ÈRE DES MAMMIFÈRES Environ 90 % des mammifères ont péri. Cependant, les survivants se sont rapidement développés. Le Cénozoïque, qui a débuté il y a 66 millions d'années, est l'ère des mammifères.

INDEX

REMERCIEMENTS

L'éditeur tient à remercier les illustrateurs et les archives d'images suivants :

Shutterstock
Pages 2-3, 6-7, 8-9, 12-13, 14-15, 16-17, 24-25, 30-31, 36-37, 38-39, 54-55, 56-57, 60-61, 62-63, 74-75, 76, 93, 96-97, 98-99, 100-101, 108-109, 110-111, 116-117, 120-121, 123, 124-125, 126-127, 130-131, 132-133, 134-135, 136-137, 144-145, 146-147, 148-149, 150-151, 156-157

Leonello Calvetti et Luca Massini
Pages 1, 4-5, 10-11, 28-29, 46-47, 50-51, 70-71, 72-73, 78-79, 80-81, 82-83, 84-85, 90-91, 92-93, 94-95, 102-103, 104-105, 112-113, 114-115, 138-139, 140-141, 142-143, 158

Science Photo Library
Pages 18-19, 32-33, 34-35, 40-41, 48-49, 52-53, 58-59, 64-65, 66-67, 76-77, 86-87, 88-89, 106-107, 118-119, 122-123, 128-129, 152-153, 154-155

Ivan Stalio
Pages 19, 20-21, 26-27, 28, 41, 42-43, 44-45, 48, 55, 71, 87, 145

Andrey Atuchin
Pages 22-23, 68-69

Daniel Hamiliton
Pages 130, 131

Merci particulièrement à Andrea Dué